葉子

Leaves
Publishing

根

以讀者爲其根本

莖

用生活來做支撐

葉

引發思考或功用

果

獲取效益或趣味

國際商務禮儀

朱立安◎著

國際商務禮儀

三色菫PANSY

國際商務禮儀

作　　　者： 朱立安

出 版 者： 葉子出版股份有限公司

企劃主編： 鄭淑娟

企劃編輯： 鍾宜君

文字編輯： 張瑋珊

特約編輯： 王雅慧

內頁繪圖： Raywings

美術設計： 許瑞玲

印　　務： 許鈞棋

登 記 證： 局版北市業字第677號

地　　址： 台北市新生南路三段88號7樓之3

電　　話： (02) 2366-0309

傳　　真： (02) 2366-0313

讀者服務信箱： service@ycrc.com.tw

網　　址： http://www.ycc.com.tw

郵撥帳號： 19735365

戶　　名： 葉忠賢

印　　刷： 上海印刷廠股份有限公司

法律顧問： 煦日南風律師事務所

初版一刷： 2006年4月

新 台 幣： 250元

I S B N ： 986-7609-92-1

國家圖書館出版品預行編目資料

國際商務禮儀 / 朱立安著.--初版.--臺北
市：葉子, 2006[民95]
　面；　公分.--(三色菫)
ISBN 986-7609-92-1(平裝)

1. 國際禮儀

530　　　95003875

總 經 銷： 揚智文化事業股份有限公司

地　　址： 台北市新生南路三段88號5樓之6

電　　話： (02)2366-0309

傳　　真： (02)2366-0310

作者序

我國即將進入已開發國家（Developed country）之林，自是應可與世界上諸先進國家，如美英法德日等映像中之列強平起平坐，享受其他開發中國家羨慕的眼神，此意味我國全國之平均國民所得、國民教育水準、生活環境，醫療環境…等，已與其他已開發國家相埒。

這些客觀環境與條件允稱客觀，但是身為一個文明國家的公民應有之國際觀，參與公私國際場合時之應有舉止進退、稱呼言談等，我們捫心自問：我國公民是否已達國際公民之水準乎？

自從清末時節以來，滿清政府以為列強凌我之處不過是「船堅砲利」而已，因此一面送優秀學子出洋學習，期「師夷狄之長以制夷」；一方面派遣李鴻章等親信大臣出國採購西洋之「利砲堅船」，寄望至少能在再次與洋人對仗時能打個平手，不致慘敗連連。出國採購讓李宰相鬧了不少笑話，如「捧痰盂僕人隨侍在側」「敢叫滿朝喝洗指水」等，至今仍為人茶餘飯後傳頌。優秀學子出洋學習則由於常居國外，除了師夷狄之長，也學習到列強的文明法制精神，民主之思想也因而萌芽，這也是為何民國革命時留洋學生參與最為積極之故。留學生同時也注意到西洋之風俗與禮節與故國處處迥然，疑惑之餘不免也開始考究西洋禮儀之意義與合

宜性，這也是我國朝野開始談論「國際禮儀」之濫觴，當然所謂「國際禮儀」者，自然而然是指西洋諸國而論了。

　　七○年代，手提○○七手提箱的台灣商人開始走向全球，手提箱內裝的是樣品與目錄，心中充滿的是無限的熱忱與憧憬。與外國人直接面對面密集接觸的結果，除了知道英文很重要之外，大概就是面對「國際禮儀」的困惑了。

　　由遞名片的方式，以至稱呼、介紹的習慣，均顯的格格不入。其他如開會、簡報、協商等國際常見之商務行為，更是讓英勇出征的台商為之忐忑不安。

　　由此，我們不懷慚陋，以多年海外商務接觸的經驗和觀察的結果，定名為《國際商務禮儀》，內容共分：商務穿著之禮儀、商務基本之禮儀、商務餐飲禮儀、辦公室禮儀、接待來賓禮儀、展覽會禮儀、記者招待會禮儀、簽約剪綵之禮儀、商務拜訪之禮儀、會議禮儀、簡報禮儀等，分門別類加以說明。將每人都有機會遭遇到的狀況加以分析解釋，不但告之國人何者方為合宜，同時也讓大家了解其原因為何。另外，為讓讀者對其他國家地區之風土人情有一初步的認知，又加入世界主要國家之特殊禮俗及風情一篇，望我國人從此後與外國人從事商務行為時，不論任何場合均能舉止得宜，怡然自處，不再有忐忑不安的情形，並從而養成我大國民的氣質，是幸！

朱立安　台北　2005.7.

PART 1

決勝商場第一式——
商務禮儀基本功

Part4

決勝商場第四式——
開個漂亮的會

決勝商場第一式・商務禮儀基本功

1

在商務場合，無論是展覽會、

記者會、正式會議、參觀拜訪、

簽約、展示會、接待客戶等，

無一不是極具濃厚的商業色彩。

所謂的商業色彩，也就是利益色彩。

所以一般在商務場合，

並不強調「女士優先」的禮儀，

而是將重點放在「客戶優先」。

第一章
商務禮儀簡介

隨著全球化貿易加劇，商務的拓展範圍也日益增廣。在與國際人士洽商、辦公的機會越來越多之際，如果不懂得國際商務禮儀，不僅影響到商場上的競爭優勢，更甚者會使人留下對此人此公司深遠的負面印象。例如一個公司的職員，在商務場合中的表現，常常會影響其客戶、競爭者、潛在客戶等對他，以至於對其所服務之公司產生疑問或是更有信心。若為負面者亦有可能影響他人懷疑其公司一再宣傳的品質優良、永續經營、服務第一……。因此，我們做為一個有禮貌的地球人、成功的商業人士，必得對國際商務禮儀有所認識。

商務禮儀與社交禮儀之異同

我們經常會思考一個問題：商務禮儀與社交禮儀到底有何區別呢？為什麼某些在一般社交場合中奉行不渝的圭臬，到了商務場合就完全不一樣了呢？如果社交禮儀與商務禮儀互相矛盾甚至衝突時，又以何者為主為優先呢？在社交場合中「女士優先」、「長者優先」、「地位高者優先」，但在商務場合的排序中為何有些是，有些則非呢？

◆「成為一個受歡迎的人」與「避免成為一個令人討厭的人」

首先我們談談商務禮儀的基本功能與社交禮儀之差異。一般來說，社交禮儀之目的在於以良好之言行舉止表現於他人之前，也就是在聚會、相遇或是在一些公共場所，透過良好之服裝穿著、談話習慣與內容、表達之方式與技巧、餐飲之姿態等等，來達到給予在場人士良好的印象，使與其相處者均會留下良好的印象，進而開拓人際關係，達到極佳的群我關係，所以社交禮儀之基本功能是讓自己「成為一個受歡迎的人」。

至於商務禮儀則又另當別論了。在商務場合，無論是展覽會、記者會、正式會議、參觀拜訪、簽約、展示會、接待客戶等，無一不是極具濃厚的商業色彩。所謂的商業色彩，也就是利益色彩。

例如說一個公司的職員，在商務場合中的表現，常常會影響其客戶、競爭者、潛在客戶等，以至於對其所服務之公司產生疑問或是更有信心，若為負面者亦有可能影響他人懷疑其公司一再宣傳的品質優良、永續經營、服務第一。

訓練有素，禮儀良好之職員固然可達成替公司加分的目的，反之亦然。公司在產品品質方面花了相當大的精力與金錢來建立，但是極有可能會由於少數職員之舉止失當，而影響公司之獲利機

會與發展，一般具規模的公司都深知商務禮儀之重要性，因此在員工教育訓練時殷殷告誡者有之，諄諄善誘者有之，其目的都是一致的，就是避免員工在商務場合中犯了不該犯的錯誤，當然最基本的是「如何避免做一個令人討厭的人」。

當我們思考以上問題並不斷尋找其原因的同時，也讓我們獲得了一些以前未曾有過的觀念，例如「第三性」、「優先順序」等等商務禮儀之基本功能。

「第三性」的產生

前面我們曾提到，社交場合與商務場合之禮儀經常產生矛盾與困惑，首先談談女性之地位。

女性在社交禮儀中一向享特殊與尊榮的地位，這是一種由來已久的習慣了，可能是由於女性天生在體能方面較弱，在社會中也比較容易受傷害，競爭時也較處於劣勢，因此在大男人沙文主義中，禮讓表示強過對手的觀念，使得以禮讓女性來表現男性紳士風度的習慣就慢慢的養成。

由於男性競相在女性面前（或其他男性面前）表現風度，於是造成了西方世界有些相當奇怪而大家卻視為理所當然的尊重女性之禮儀，當然女性一旦獲得如此禮遇，她們也多是歡心享受的，這也是我國女性出國在外或與西方男性相處時為何常常會有受寵若驚的感覺。

◆ 商務場合不強調「女士優先」，而是「客戶優先」

在日常生活中尊重女性之例子不勝枚舉，例如男士駕車時必須先替女士開車門，待其坐定後再為其關好車門，之後再繞過汽車回到駕駛座然後開始當司機。等到到了目的地時如此之禮儀程式反過來再來一次。另外，如女性進入房間內時所有在場男性（除了幼童）一律

得起立表達敬意，待女士坐定後諸男士方得以陸續復坐；待女士有事起身時，諸男士又得起立表達敬意；待女士離開房間後，諸男士才再得以復位。其他如拉座椅、按住旋轉門、電梯門等之例子更是隨處可見。

但是在商務場合中，如果客戶是男性，而負責接待者是女性的話，上述的標準禮儀是否仍然適用呢？答案是不一定。如果客戶是來自西方社會，又擁有良好之教養者，有些可能仍然會比照社交禮儀來遵行，因為他已養成習慣，根深柢固了。但是一般來說，在商務場合一般並不強調「女士優先」，而是將重點放在「客戶優先」。

也因此，雖然女性本身性別並未改變，但是在商務場合中，女性之角色應該轉變為「第三性」，也就是中性。所謂中性，也就是非男性亦非女性，只是公司之職員，性別已不重要，其人應該做

的事是公事，也就是公司交辦之事，如扮演好會議中之角色，妥善接待公司之客戶，產品說明之主講者等等，不論男性女性，任何性別均不重要，只要把該做的事做好，該演的角色盡責演出即可。

商務禮儀中之優先順序

再來我們談到社交禮儀中非常重要的優先順序。眾人皆知，在社交場合中，無論是座位、介紹順序，到、離場順序均有一定的規則可循，如果沒有依此一約定俗成之方式執行，一定會引起極大的爭議與不快，但是在商務場合情形又不一樣了。

◆ Your wish is my command！

在社交禮儀中我們一向以參與者之社會地位、年齡、與主人的關係、性別等，當做優先順序的重要參考指標，然後據此來安排所有事情。但是在商務禮儀中我們不得不提起「客戶優先」與「公司倫理」這兩種觀念了。

在公司內部中，自然一切均以參與者在公司中之職位來訂定順序的，其順序是董事長（CEO）→總經理→一級主管→二級主管→三級主管→一般職員→行政支援人員等，絕不可能因為個人之年齡、性別、社會地位等而改變的。例如說，一個年齡很大即將退休之小職員，無論其年齡多長、年資多久，總是不可能在排序時超過其主管的，儘管

其主管可能是一個剛剛才由學校畢業的年輕小伙子。另外，如一個公司之警衛人員，雖然其任職前已在軍隊中擔任上校、團長此一高階軍官，但是在公司中他只是一名基層警衛，遇見其上司，可能之前服役時是一名二等兵，也是一切均須以下對上的禮儀對待之，否則一定待不了多久就會走路的。以上所說的就是「公司倫理」。也就是一切以個人之職位以及主管之事務決定他在公司內之應有地位。

另外說到「客戶優先」。當我們與一位或幾位客戶在商業場合相處時，自然而然會表現出客戶優先的情形，公司在新進員工社會化的過程中，早已灌輸所有員工此一觀念，所以無論在與客戶用餐、接待、引導參觀、解釋說明、休閒娛樂、球敍等等，是一定會將客戶置於首位，盡量以尊榮客戶、滿足客戶所有需求為基本要求的，英語中有一句話十分適合客戶優先這一觀念，那就是：Your wish is my command！我們不妨也用這一句話來為商務禮儀之定義做一闡明吧！

第二章
商務穿著禮儀

商務禮儀中首重穿著，一個人若是穿著不當或不適其場合，輕則遭人冷眼視之，甚者將引起他人之輕視甚或鄙視，因此穿著合宜是必要且相當重要的。

多年以前我曾經率領一個科技業組成的參觀團前往德國漢諾威參加世界最著名的「CeBIT」電腦展，會後並順道參觀西歐諸國的科技大廠。旅途中讓我十分驚訝的是，這一批由各大科技廠之高階主管組合而成的團體，居然多不知如何穿著。灰衣黑褲者有之，穿西裝不打領帶者有之，有些則是穿西裝配休閒鞋，或是服裝尚可卻滿臉鬍鬚、頭髮凌亂。不得已，我只有沿途一面教導一面不斷耳提面命，最後還好沒有鬧出什麼笑話。

各種商務場合皆屬正式，一個人的外表在正式公共場合至為重要，除了服裝本身的材質、式樣，搭配的配件也必須合宜、整齊。另外，優雅的態度舉止，也可視為整體外表的一部分，不可缺失。

男士正式服裝

◆**西裝上衣**

在一般正式場合，男性均以西裝為宜，其材質則以毛絨質料、不易起皺者為佳，顏色則以暗色系如黑藍、深灰、暗綠、深褐、深棕色為主，但不可穿著全黑色的服裝，以免令人有參加喪禮的誤會。至於淺色系之西裝則可在比較非正式的場合穿著；白色西裝似乎只有演藝界人士才會穿，因為會給人誇張、炫耀的感覺。

西裝上衣必須與西裝褲完全同一顏色、材質（除了假日休閒可以不同顏色搭配穿著，稱為 Sport Suits），方為正式。穿著時，若上衣為單排釦，則最底下的一顆釦子不可扣上（此習慣據說源自英國古代，由於騎馬機會頻繁，一般紳士上下馬時打開上衣較為方便）。若內有穿著西裝式背心，也是一樣最下面的一顆釦子不可扣；而穿著雙排釦西裝則必須全部扣上。

開會、談天坐下時可將西裝釦子全部解開，但起身時必須依前述規定迅速扣好。若遇主持人點名至台上向他人介紹時，可以於起身後，一面扣上衣釦一面走上講台，並不失禮。因為如此可以節省其他人等待的時間。

◆**襯衫**

深色西裝必須搭配淺色襯衫才能顯得精神抖擻，可穿白色、淺

藍色、米色等長袖襯衫，或是與西裝相同色系的襯衫，但顏色則是愈淺愈佳，材質則以絲、棉、麻等為佳。若衣領上有小領帶釦則必須扣好，若有領針的小孔則必須插入領針，若襯衫衣領為搭配領結專用者，則千萬不可打領帶以免令人驚訝，惹來笑話。此外襯衫必須燙得平整，切不可有皺痕、汙點。

　　穿著襯衫時，袖口應略長於西裝外套的袖口，大約長個兩公分左右即可，太短會讓人感覺怪異，太長了則會顯得不夠精神。穿深色襯衫最好不要搭配淺色的絲質領帶，因為大概只有紐約的黑社會混混才會如此打扮，一付地痞、無賴的模樣。另外無論在任何情形下，也絕對不可在西裝內穿上短袖的襯衫，如此看起來與身穿西裝腳穿球鞋沒有什麼兩樣。如果天氣真的很熱，則可以把西裝外套脫去，把長袖襯衫的袖口捲起，這是眾人可以接受的權宜之計。

◆ 領帶

　　領帶的選擇與打法相當多樣化，可以為男士服裝收到畫龍點睛的效果，這也是男士服裝中比較可以展現個人風格的地方。

　　領帶可以較為花俏豔麗，但須注意其長短適宜程度，以及領夾的搭配選用。在某些非正式的場合，使用領巾來代替領帶也不失為較活潑的選擇，但在正式場合上使用領結應以暗黑色為宜。

◆ 鞋子

　　皮鞋應以黑色為主，而繫鞋帶的皮鞋比不用鞋帶的皮鞋來得正式。如果不穿黑皮鞋也可以搭配西裝顏色穿著，如深咖啡西裝可配穿

咖啡色皮鞋。鞋面及邊緣應保持乾淨，擦上鞋油打亮並不得有破損、裂縫等情形。皮鞋避免穿著過大，以免不自覺把它當拖鞋來穿。想想看，穿了西裝卻拖著皮鞋走，是不是讓人想起了一代奇才卓別林？其實不但是男士，我國有不少女性朋友也常常打扮得漂漂亮亮，卻把腳底的高跟鞋拖得踢踢躂躂，小小的一個錯誤動作，卻毀掉費盡心力的妝扮而不自知！

◆ 襪子

襪子與皮鞋相同，以黑色為主，但可以選擇上面有標記或小裝飾或有暗色花紋者亦不為過，但須注意是否有破洞、是否清潔等小細節，長度也不宜太短，以免坐下來時可能露出「飛毛腿」。

◆ 頭髮

穿西裝時自然以西裝頭為合宜，鬢角不可過長，否則看起來沒有精神。頭髮必須清潔乾淨，梳理整齊有型，可用髮油或定型液固定髮型。

另外應避免頭皮屑出現，鬍鬚、汗毛均須剃乾淨（西洋人有些一天得剃兩次鬍鬚，以免名為 Afternoon shadow 之鬍鬚出現），鼻毛亦不可外露。若是髮質太軟覆蓋額頭時，可以用定型液固定頭髮。

◆ 雙手

指甲修短、雙手保持乾燥清潔、手錶、戒指等物不可太過炫耀，以免給人俗氣之感。使用完洗手間後，必須擦乾或是烘乾雙手，以免握手時給人潮溼不潔的感覺。雙手可以插在西裝褲的口袋，但是要注意，不要因為兩隻手插在口袋裡，卻把西裝上衣的背後分叉給撐開，因而露出背部的襯衫，這樣就不太好看了。

◆ 領帶結

可以打單結或是雙結，但是必須把結打得結實，並用領帶完全圍住領子，不要露出襯衫第一顆釦子，否則會顯得很突兀。領子如須扣領帶釦時，則必須將它扣完整；若是以領針固定，則必須加穿釦針才算整齊。

◆ 西裝長褲

西裝長褲不宜過長，以免看起來邋遢；也不可以過短，否則坐下時會露出一雙飛毛腿，非常不雅。不可有皺痕，褲管的線條必須燙出來，褲後、口袋、兩側口袋最好不要塞了一大堆東西，此外，口袋必須保持平順，不要擠成一堆。

◆ 頭皮屑

頭皮屑會給人一種不潔的感覺，最好能事先防範，若沒把握，則可以穿著淺色上衣做為掩飾。

◆ 皮帶

以深色為原則，最好是黑色或是與西裝同一色系的皮帶，若皮帶頭是金屬製的，也必須擦拭乾淨、光可鑑人。

◆ 身材

矮胖者不宜穿著雙排釦西裝，也不宜穿著寬條紋或是格子式樣的西服，否則看起來會更加臃腫。反之，身材太瘦高者則應避免細條紋服裝，或是三、四顆釦子的單排釦西裝上衣。

◆ 古龍水

國人一向少有擦古龍水的習慣，不過在正式場合不妨擦一點試試看，至少感覺精神比較抖擻。外國朋友使用頻率可就高得多了，正式場合必須要擦，一般場所也少不了，似乎已變成服裝的一部分。據說古龍水有吸引異性的魔力，西洋男士深信不疑，每次外出約會必定塗抹一番，希望能有所斬獲，也許這才是古龍水流行的原因。不過，真正的原因是：西方人多有體味，古龍水可以遮蓋其身體味道，給人清新舒爽之感。

◆ 領針

領針不但有裝飾的效果，更可以避免彎腰時領帶離身下垂，如

此不但不方便，餐會時更可能沾到菜餚、飲料等而不自知，況且領針也是男士可以稍微變換花樣的少數地方，不妨花點心思搭配一下吧！

◆ 手不可插在上衣的口袋

現在已很少看見有人會把手插在西裝上衣的口袋中，但有不少人把口袋塞得滿滿的，可能是手帕、衛生紙之類的東西，看起來非常奇怪。

◆ 暗釦

雙排釦西裝內若有一條細窄的帶子與一暗藏於內側的釦子時，必須把帶子的另一端上扣好，這是為了讓你穿西裝時看起來會更英挺而設計的。另外，西裝褲最上方的拉鍊上除了有一顆釦子外，在其旁斜角亦多會有另一顆釦子，這也是為了讓長褲看起來直挺而設計的，請把它也扣上。

◆ 首飾

男士不同於女士，是不需要配戴首飾的，有些人就用鑽石手錶、耀眼的大型

寶石戒指，以達到有意無意的炫耀目的。在正式的場合，這種方法只會顯得粗俗與膚淺，是絕對無法贏得他人「尊重」的，而且更有可能適得其反。

◆ 其他注意事項

西裝上衣與長褲都必須平整筆挺，若有皺痕等必須事前燙平，若是臨時發現已無法補救時，可以用少量的清水暫時壓平它。

腹部太突出者可以加一件與西裝同款的西裝背心加以束縛，看起來會更活潑，也更有精神。

男士的穿著雖然變化較少，但是仍然不可馬虎，否則在極其重視穿著的西方社會，必定會遭人輕視，這倒不是以外表取人，而是他們認為一個人如果連基本的穿著禮儀都不懂，其他方面也就可想而知了。

如果你想要穿得有品味，又不知如何著手，不妨多向懂得穿著的朋友請教，或者多學學西方名士的穿著打扮，稍稍用點心來觀察，絕對會有很好的收穫！

領帶的由來

當人們穿著正式西服時，一定會搭配一條漂亮的領帶，整個人因此顯得既美觀又大方，又給人以優雅英俊之感，然而，象徵著禮儀的領帶，卻是因緣際會演變而來的。您知道領帶的由來嗎？

傳說一 以前法國與外國發生戰爭時戰敗，有東歐某國之騎兵隊騎著駿馬昂然進入巴黎，每一個士兵的頸部均圍以白色的絲巾以為標記，巴黎市民看見以後覺得很好看，於是紛紛起而仿效。從此由領巾而領帶之風氣就開始了。

傳說二 英國婦女的發明。在中世紀時，英國仍是一個落後的國家，社會地位較低之英國人常以豬、牛、羊、肉為食，而且進食時不用刀叉，而是用手抓起肉塊放在嘴中啃咬。由於那時尚無刮鬍刀，成年男子都蓄著亂糟糟的大鬍子，進食時，弄髒了下巴就用衣袖去抹。婦女經常要為男人洗這種沾滿油垢的衣服。在不勝其煩之後，她們想出了一個方法，在男人的衣領下巴處掛一塊布條，可隨時用來擦嘴，同時在袖口上縫幾顆小石子，每當男人們再按老習慣用衣袖擦嘴時，就會被石子刮傷，於是乎英國的男人們改掉了以往不文明的行為，而掛在衣領下的布，和綴在袖口的小石子，自然也就成為英國男子們上衣的傳統附屬物——繫在脖子上的領帶和縫在袖口的袖釦，並且逐漸成為世界流行的式樣。

傳說三 法國皇帝拿破崙率領軍隊越過阿爾卑斯山脈進攻義大利時，由於天氣酷寒，許多士兵因而感冒流鼻涕，行軍匆匆之際往往順手用袖口擦鼻涕，因而使得軍容極為不堪。拿破崙看了以後雖不忍苛責，但是亦覺得不妥，於是心生一計，也就是與英國婦女相同之方式，在士兵的衣領下掛一塊布，可隨時用來擦鼻涕，同時在袖口上縫幾顆小石子，以免士兵用袖子擦鼻涕。從此軍隊之軍服就有了領巾以及袖釦了。而西服是由軍服演變而來，因此領帶與袖釦自然保留了下來。如果不相信的話，請注意所有正式西服之翻領部分一定有一空的釦眼，但是卻找不到釦子即可證明，因為本來領子是翻上去以便天寒時可以扣起釦子保暖之用，後來當做禮服後自然不需翻起領口，釦子不見了，釦眼卻依照傳統樣式保存下來了。

女士正式服裝

　　女士服裝可分日間與夜間的穿著二種：

◆ **日間正式場合**

　　正式會議等場合一般來說與男士相同，以西式套裝為主，下半身可改穿窄裙代替長褲，其質料、剪裁亦須完全與上衣相同，但顏色方面則可以稍加變化，淺色系亦無不可，花色也可表現得較活潑一些。

◆ **窄裙**

　　長短須合宜，這點十分重要，太長會顯得保守呆板，太短則失之輕浮、輕佻，另需注意褲襪顏色的搭配與選擇，以避免突兀。

◆ **釦子**

　　前言男士西裝外衣最底下的那一顆

釦子不可以扣，但是女士全身上下前前後後只要
有釦子就必須扣好，除了穿襯衫時領釦及第二
顆可以不扣，如果連第三、四顆也不扣的話
就可能讓他人遐想了。

◆ 首飾

耳環、項鍊、手鐲等最好選擇同一樣
式為佳，以小巧精緻為原則，避免太
過炫耀或把所有家當全部都戴
出來示眾。

◆ 化妝

以淡妝、整齊乾淨為主，一個清爽乾淨、
不時散發出淡雅香味的女人永遠是受人歡迎的。

◆ 皮包

以肩背式方型皮包為佳，如果攜帶東西較多時，不妨另外加一個
方型手提箱，簡單大方，為女性上班族的標準裝扮。

◆ 夜間正式場合

有人說「夜晚是屬於女人的」，西洋女人尤其身體力行，白天、晚
上簡直可以判若兩人。

女性在夜間的裝扮可以盡量地誇張、炫耀，高跟鞋、亮片皮包、

低胸禮服、閃亮的珠寶、首飾，無一不散發著女性的魅力，再加上迷人的香水，綜合在一起就成了「女人是上帝的傑作」！

◆ 適齡

年紀一大把還硬要穿著最時髦的服裝，總是會給人說不出口的感覺，哪怕是長得再美、身材保持得再好，結果也是一樣。所以迷你裙、熱褲只適合某一年齡層的女孩，但是總是有一些女人老是弄不清楚這一點。

◆ 因人而異

即使是非常漂亮的衣服，穿在自己的身上也不見得好看，說不定會有反效果。選擇服裝時，必須搭配自己的髮型，聰明的女性總是會把全身打扮得自然並兼具特色，讓男士的目光焦點落在她的身上。

◆ 「精」不在多

雖然說「女人的衣服永遠是少一件的」，但是把一些質料、剪裁具佳的服裝搭配在一起，可能遠勝於一大堆廉價低俗拼湊而成的套裝。

◆ 皮包背法

皮包絕對不要斜肩背著好像背書包一般，非常庸俗難看。只有一種小型迷你小包包是少女專用的，可以俏皮地斜背，其他的一

律必須側背，否則就算再名貴的高級皮包，只要一斜背，就保證可以把出產皮包的那家名店給氣個半死。而偏偏我國女士有不少就是愛斜背，所以有外籍朋友開玩笑地說，要分辨一位女士從何處來是很容易的，側背者不見得猜得出來，但是斜背者百分之百來自台灣。

◆ **高跟鞋**

　　高跟鞋也好，低跟鞋也罷，走路時千萬不可以用拖的，本來會發出清脆悅耳的卡卡聲，此時只會發出啪啪的噪音與令人不忍直視的醜陋姿態。

◆ **姿勢、髮型**

　　彎腰駝背、蓬頭垢面、妝沒化好、頭髮沒梳理好，再美的女性只要犯了上述任何一項，就足以讓人倒盡胃口了。

◆ **裙裝**

　　穿裙裝時絲襪、褲襪不可少，有穿沒穿給人視覺上的感覺差距很大。這也是為什麼在第二次世界大戰絲襪缺貨時，歐美女性會彼此互相以黑筆在腿上畫上假絲襪之中間線，讓人遠看時會誤以為她們已穿上肉色的絲襪。

各種不同場合之服裝

　　以上所述為一般日常之聚會、集會場合，但是有些特殊場合則必須穿著特殊的服裝方才得體。西洋有一個人人皆遵守的習慣：在什麼樣的場合，就應穿什麼樣的服裝。穿或不穿都有一定的規矩，若是有人服裝不妥當的話，其他人不但會露出驚訝的眼神，亦不屑與其交談。我國同胞有些人則缺乏此一認知，經常穿得隨隨便便、馬馬虎虎，這些都是會被人輕視的。

◆ 喪禮

　　西洋喪禮多簡單隆重、莊嚴肅穆。所有參與者多著黑色或深色的正式服裝，男士是深色西裝與領帶，女士則是深色套裝、裙裝，有些還戴帽子、黑紗覆面以表哀慟，唯一例外的可能只有神父、牧師了。

◆ 婚禮

　　婚禮場合熱鬧歡娛，參與者一定會穿上既正式又華麗的服裝，女士尤其刻意濃妝豔抹，打扮得花枝招展，彼此爭奇鬥豔，互別苗頭。連配戴的首飾配件、陽傘、女帽等，也極盡炫耀之能事。男士則維持西裝領帶，但可以穿著淺色西裝或是小禮服、禮帽。

◆ 游泳池

前往池畔游泳時務必著泳裝，什麼款式均無妨，但一定要是泳裝才行。不可穿著短褲、T恤等即入池，這樣會引起他人側目，工作人員也會請他離開。游泳池畔標準服裝應是游泳衣、大毛巾、海灘鞋或戶外拖鞋（千萬別把飛機上發的免費拖鞋或是室內薄底拖鞋穿去池畔，如果沒有像樣的拖鞋，打赤腳亦可。）外加太陽眼鏡。女士可以再加一件寬鬆的外衫，以免臨時前往他處時會太暴露及不雅觀。

◆ 劇場

既然是社交場合，服裝打扮自然不能馬虎，男士西裝領帶是標準制服，外加擦得雪亮的皮鞋和梳理整潔的頭髮。女士們則是豪華套裝、長裙、小禮服，外加披肩、皮包，再加上刻意搭配的高跟鞋，閃閃發光的項鍊、耳環、手鐲、戒指等，把人裝扮得燦爛耀眼。所以有人說，去劇院的女人其實看戲是次要目的，主要目的則是把漂亮的衣服穿去亮相。

◆ 三溫暖

使用三溫暖時必須瞭解相關規定，如有些地區規定必須著泳裝；有些則不准穿任何衣物，只可以浴巾遮掩；有些是男女分室、不可混浴；有些地方則淋浴、泡澡以及蒸氣室、休息室、紫外線室一律男女共用，而且還是裸體的狀態。在德國、北歐諸國，全家人向來一起共浴，他們認為洗三溫暖是一件非常健康、自然的事，人類裸露身體並不可恥，洗三溫暖沒有遮掩的必要。所以常看見一家老小高高興興一

起洗三溫暖共用天倫之樂，此時如果有人身在其中卻含羞帶怯、
手足無措，反而會令在場的人感到驚訝。因此還是入境隨俗吧！

◆ 健身房

　　健身房既是運動場所，自應穿著運動服，可以穿 T恤、長褲、
短褲均可，運動鞋（運動襪可別忘了穿，也別穿了一雙球鞋，裡
面卻是一雙黑色的襪子）。女士可以著 T恤、長褲、束髮帶（以免

長髮披散）、防汗腕帶。千萬別僅僅穿了拖鞋，或是臨時起意，打了赤腳就去。

◆ 夜總會

在夜總會，男士仍應是西裝皮鞋，但是可以配上較花俏的領帶和絲質襯衫等，讓自己看來比上班時亮麗、時髦些。

女士則盛裝打扮，有人說「夜晚是屬於女人的」。沒錯，一般上班族婦女，在晚上的打扮可以和白天上班時的裝扮判若兩人，不但彩妝濃了，香水也更具誘惑力，髮型做了很大的變化，搭配的首飾、皮包也完全不一樣了，再加上豔麗的華服，足以讓人眼睛為之一亮。不但如此，夜晚的女士，連說話的聲調、舉手投足、言談聲笑之際，也顯得嬌媚了許多，變化之大，常讓熟識的男士也為之驚訝而神往。

◆ 賭場

賭場一般不准服裝不整、嗑藥、酒醉者進入。歐洲賭場規定嚴格，必須襯衫、領帶才算合格，若沒有帶來也可以用租的，不過租金一般都不便宜。美洲賭場則規定較鬆，如拉斯維加斯和加拿大的賭場，只要是服裝整齊均得入場，但是拖鞋、背心、短褲，以及服裝太暴露者，還是會被要求更衣或是以外套遮掩，方才得以進入。

◆ 休閒服

在國外旅遊度假時，服裝一般以輕鬆方便為原則，尤其是歐洲地區許多路面是由方石塊組成，若穿細跟鞋則難免不時要彎下腰來拔鞋

跟，十分不方便。然而若旅程中有安排夜總會、正式餐廳，則不論男女應著正式服裝，有些高級場所，還有男士不打領帶不准入內的規定，最好事先問清楚，以免被拒於門外。最起碼穿短褲、短裙、背心、拖鞋、球鞋保證是吃閉門羹的。

第三章
商務基本禮儀

合適的服裝儀容能達到留給他人良好第一印象的功能，但是除了外貌上的得體，有禮貌的言行舉止更為重要，因為這可是他人更進一步評判一個人的依據。所以，在這個部分我們將談到商務場合中最重要的介紹禮儀，包含介紹的順序、交換名片、相互稱呼、握手、目光接觸等種種須多加留意的禮儀細節。此外，在商務場合中聆聽演講、會談的機會不勝枚舉，此時又該展現出什麼樣的禮儀，也是我們將探討到的重點。最後，針對國人普遍缺乏的對待陌生人之應對和「個人基本空間權」的觀念做一說明。那麼在商務場合中，我們將不再是不懂禮儀而頻出笑話的「火星人」了。

商務介紹之禮儀

　　一般而言，介紹彼此認識的場合有：重要慶典、拜會、展覽會、商務會議、座談會、講演會、新產品發表會等比較嚴肅而正式的場合。下面是一些基本的介紹方式，只要照著去做，大多錯不了。

◆ 女士優先（請參考本書第一章＜第三性的產生＞）

　　雖然商務場合中我們十分強調「第三性」，也就是女性在商務場合中應以在公司地位以及主、客之關係而調整，但是若在商務之餘的輕鬆場合時，則必須瞭解西洋人非常重視女性的社會地位。例如說有一位女士進入聚會場所時，在場的所有男士（小男孩例外）均必須起立表示尊重，待這位女士就座完畢後，眾男士方可再復坐，但這只限第一次進入時，她之後的進進出出男士則可以免起立。

　　至於在場的其他女士則僅須點頭微笑即可，因為女性與女性是平等的，除非進來的是一位年齡明顯高了許多的老太太；如果新來者只是一位比在場的諸女性大了幾歲者，則在場女士也不宜起身，否則會讓初來者感覺自己似乎已經有一大把年紀的尷尬。

◆ VIP級的人物

另外一種情形就是當一位社會地位很重要的人士進場時，禮貌上在場所有人不論男女都須起身表示尊敬，例如說是大會主席、市長、具有盛名之貴賓等公認為 VIP 級的人物，都可算在內。

◆ 介紹之先後順序

記住，永遠把社會地位較低的人介紹給地位較高的人，當然這一點有時會不容易判斷，到底是誰地位比較重要？如果地位差不多時，則以年齡來決定總是不會錯的，若不，則以「女先男後」之性別來判別亦是可行的。

◆ 年齡之長幼

把年齡較輕的人介紹給年長者，正如前述，年齡在一般社交場合是一項介紹與被介紹的重要指標。其實要弄清楚介紹的優先順序一點也不難，比較難堪的是，怕你一不小心說錯了。要避免這種尷尬情形發生的最佳方式就是：記住先稱呼重要者的頭銜以及姓氏。例如：「李董，這是我們公司的PM— Steve 林」或「這位是南方科技的王經理」，如此就不會犯錯了。請記住：地位較高者、重要人物、年紀長者的名字要先說出來。

◆ 忘記對方姓名

有時當你向他人介紹朋友，可能會有突然忘記對方姓名之尷尬，此時你已不能回頭，也無法掩飾，那麼最好的方法就是自我調侃一

下，如：「唉！我最近怎麼老是腦筋不清不楚，不過如果兩位不介意的話，能否自我認識一下？」

◆ 自我介紹

若無適當的人當橋樑向他人介紹自己時，亦不妨自行將自己介紹給他人認識。但要記得的是，不要打斷他人的談話，在介紹時也須愉悅地把自己的姓名以及與主人的關係向他人介紹清楚。

◆ 第一印象

第一印象往往是最重要的。以介紹為橋樑，與他人建構起友誼之鏈，從而豐富雙方的人生，擴大一己之視野，但在介紹初時務必在他人心中留下深刻及良好之印象，以為日後相逢埋下良好契機，因此介紹場合之禮儀確實不可輕忽。

如何交換名片

認真的說，名片其實有兩種，一種叫 Name Card，就是一般有個人姓名、地址、電話等的名片，這種名片多用在私人場合，也就是與公事無關的場合。另外一種叫 Business Card，除了上面有個人姓名、地址、電話等資訊外，一般也會有公司名稱、部門、職務及頭銜，當然網站及 E-mail 也都少不了，有些甚至還有公司的宣

傳用語或是公司產品等字樣。

國內有不少人的 Business Card 上居然沒有部門、職務及頭銜，（尤其是小企業的負責人）這是很不可思議的！如此與人交換名片時對方將不知如何尊稱你，甚至不確定他是否找對了會談對象。

介紹時一樣依上述優先順序，被介紹者應先出示名片以與對方交換，交換名片不需用雙手，只用一手即可。一般西洋人都是單手傳遞或交換物品，如信件、文件夾、小型物品等，只要是一手就能完成的事，就沒必要用兩隻手，因為兩隻手奉上名片在外國人眼中看起來是十分笨拙的。國人以雙手表示尊敬，在國外時則可免矣。接過對方名片後，理應端詳一番後再收入自己的名片匣內，千萬不要隨手放在褲子口袋一塞了事，這會讓對方有不被尊重的感覺。更有甚者，接過對方名片後，會一面說話一面不自覺地以手玩弄對方的名片，這對於對方已是極為不尊重的行為，千萬注意。

如果名片剛好用完，一定要加以懇切解釋，言明實情，並表示第二天就會補上，敬請對方原諒等等。不過這種情形在一般社交場合尚可原諒，但若是在正式場合則是非常失禮的，因為名片只可多帶備

用，絕不可只帶幾張就前去赴會，若對方是客戶則會讓他覺得你似乎不太重視這次會面。

「稱呼」之禮儀

稱呼他人為一門極為重要的學問，若稱呼不得當，則很容易讓他人產生立即的反感，甚至記恨在心，久久無法釋懷。

◆ 已認識者

對於自己已經認識的人多以 Mr.、Miss、Ms. 或 Mrs. 等加在姓氏之前稱呼，如 Mr. Chang、Ms. Tseng、Mrs. Huang……等，千萬不可以名代姓，例如說美國國父喬治‧華盛頓，人們一定稱之為華盛頓總統、華盛頓先生，因為這是他的姓，如果稱他為喬治先生，保證震驚全場，因為只有以前的黑奴才會如此稱呼主人的，此點國人常常弄不清楚，所以也讓別人驚異連連。

至於 Ms. 這個字以前並沒有，據說是由於美國的婦女解放運動下的產物，因為男士一般稱為 Mr.，如此之稱呼並聽不出其婚姻狀態。而稱呼女士之 Miss 或 Mrs. 則一聽就知其結婚與否，顯然十分不公平，因此創造了 Ms. 一字，現已相當流行了。Ms. 相當中文的「女士」，對於不確定其屬已婚或是未婚的女性，一律以此稱呼之較保險。

◆ 商務人士

商務場合最好加上每個人的頭銜，如董事長、總經理、經理……以示尊重。當然也如前述，是以頭銜之後加上其人之全名或姓氏稱呼，千萬也別接上名字。

一般而言，若是名片上印有博士（Doctor），不論其真偽，也不管是否是野雞大學頒發的學位，甚至只是榮譽博士，在稱呼他們時一定要加頭銜，否則表示十分不敬，甚至視為蓄意羞辱，所以務必謹慎小心。另外國際上約定俗成：只有「博士」才可以印在名片上當作頭銜，其他如碩士、學士，以及全世界只有台灣才有的副學士是不宜印上去，以免讓人感到困惑。

◆ 不認識者

可以 Mr. 或 Madam 稱呼，有不少國人一見外國人就稱為 Sir，這是不對的，只有對看起來明顯十分年長者，或是雖不知其姓名但顯然是十分重要的人士方才適用。當然，面對正在執行公務的官員、警員等，也可以 Sir 稱呼以表尊敬。而相對於女士則一律以 Madam 或是 Ms. 稱呼之，不論她是否已婚。

有不少人不太清楚 Ms.、Miss.、Mrs. 的區別，在此特做說明。Mrs. 相當中文的「太太」，西洋婦女已婚者一律加夫姓，在正式場合稱呼她們時一定要以某某太太稱呼，否則就是不敬。夫姓可隨著她們入土後仍然如此稱呼，但是離婚後則可取消夫姓恢復娘家原姓。Miss 為稱呼一般之未婚女性，相當中文的「小姐」，對於不認識的年輕女性皆可以此稱呼，如在飛機上召喚女空服員時可以此稱呼之（男空服員則稱為

Mister）。

對於年輕男孩可以稱之為 Young man，年輕女孩則稱為 Young lady，小孩子可以暱稱為 Kid(s)，而比較禮貌的稱呼為 Master。在此 Master 並非主人之意，有點國語的「小王子」之類的稱呼法。

◆ **使用雙方全名，以示正式**

在正式場合中為他人做介紹時，最好使用雙方全名，才顯得正式且尊重，否則至少也得用姓氏加頭銜，譬如：張經理、趙董事長等。不要只用名字，只用名字介紹的場合應是在非正式的餐會、酒吧等公共場所，或同事、同學之間的寒暄式介紹。而介紹時不可用類似命令的口氣，應用如：Excuse me, Mrs. Lee, may I introduce Mr. Paul Chou, my co-worker in South Tech？或是 Dr. Wang, this is my colleague, Mr. Peter Lin……比較緩和及委婉的口吻較佳。

◆ **不可自稱是「小姐、先生」**

稱呼自己時為自稱，一般多用謙稱；稱呼他人則應該使用尊稱。頭銜是稱呼別人必須注意的禮貌，但是自稱時萬萬不可使用尊稱，否則就會鬧笑話，以下所述即是一例。

多年以前，有一位女性部長前往新竹科學園區參與科技廠商座談會，席間廠商代表發言相當踴躍，提出各種問題希望政府能幫忙解決。女性部長聽完之後面帶微笑，充滿熱誠的對聽眾說：大家的問題「部長」都聽到了，各位放心「部長」一定會盡力幫大家解決……

一般人似乎並未注意，但是部長自稱是部長，這可是件奇聞！錯把「尊稱」當「自稱」，自己怎可自稱是「部長」呢？

另外有一次友邦元首來訪，有一位地方級民意代表因為粗魯無禮而使該元首受窘，事後竟然當眾對著媒體辯稱：「本席」其實是出於好意……云云。一位地方民意代表竟在議會以外自稱「本席」，這實在是極大之笑話，也讓我們瞭解我國民意代表素質之一般。

此外在日常生活中此類笑話卻處處可聞，如在辦公室裡、電話會談中，常可聽見「你好，我是××公司的李小姐……」或是「我是××公司的張先生，我要找×××……」更有甚者「Hello，我是王經理，請你幫我找×××」等相當錯誤的自我稱呼。

正確的稱呼應是：「××，我是王建國，請你幫我找……」對方

聞言應會回答：「王經理你好，我馬上會……」或「我是××公司的張小鈴，我要找×××……」對方聞言應會回答：「張小姐，妳好，目前他人不在 Office，我等會……」以上才是比較妥當的自稱方式。

　　所以千萬不可以「先生」「小姐」「經理」「總經理」……等自稱，以免鬧笑柄。只有一種情形例外，那就是「在軍中」。因為軍中屬於階級嚴格畫分之特定團體，所有人員一律以職稱自稱以及稱呼其他人，因此並無謙稱及尊稱之問題。至於學校中，國人習慣以老師尊稱當自稱，如：「你好，我是三年五班的王老師……」在國內也就罷了，這在國外時則亦不妥。

握手禮

　　握手必須基於雙方之自然意願，不可強求。原則上女士、長者、VIP人物應先伸出手表示友善，另外一方此時才可以伸手互握，時間則以一秒鐘為原則，不可一直握著對方的手不放，力量須適中，過重讓人不舒服、力量太輕則有應付對方之嫌疑。其實只要稍微注意別人怎麼握就可以很快明瞭。當然也不可以用雙手去握對方的單手，看起來也會讓人感覺十分怪異。除非是會場或是餐會主人迎接客人時，他可以雙手握住來賓之手，表達誠懇歡迎之意。

握手時應主動趨前伸出右手（左撇子也一樣），目光與對方接觸，一面寒暄：It's nice to meet you！或是：How do you do？表達善意後才互換名片或是互相介紹以及閒談（Small talk）一番。如果手是濕的或是手不清潔時則一定要向對方說明，請對方原諒，否則極為失禮。男士若戴手套也須先將要握手的那一隻手套取下，待握完手後再戴上方才合禮。女士則不在此限，儘管戴著手套和他人（不論是男人還是女人）握手均無妨。

目光接觸（Eyes Contact）

目光應該接觸而不接觸，或不該接觸而接觸時，都是不禮貌的。

商務場合中在介紹、打招呼、共聚談話等，只要是人與人近距離互動的場合，一定會有目光接觸的機會，不論相識與否情形都是一樣的。因此我們必須要瞭解一些兩人眼神交會時的基本禮儀，盡量避免給人粗魯、霸道、侵略、虛偽、鄙視等感覺。

我們先從動物談起，當兩隻野獸相遇時，如果互相睜大眼瞪視著對方，這很明顯是一場爭鬥開始的前兆，接下來可能就是低聲咆哮，然後就是慘烈的惡鬥直到分出勝負，由此可知野生動物直覺上把直視當做挑釁的行為。一般在社會階級制度明顯的群體動物生活中，低階動物是不敢直視高階者的，否則必定換來一陣攻擊，這一點我們由著名的黑猩猩研究者珍古德的建議即可瞭解，她在設法與黑猩猩接近以

便就近觀察其行為時，若遇有猩猩直視她時（可能覺得她長相有些奇特吧！）她一定避免與之對視，而且會立刻用手拔一些樹葉、青草等放入口中咀嚼，讓猩猩視她為同類而不會攻擊她。

　　由此我們可知，在人與人相遇之時，不可以一直瞪著對方看，否則一定會引起他人之不快，但是目光接觸仍是必須的，第一眼看見對方時，應該直視一會兒，表示：我看見你了！如果再加上微笑與熱誠，則對方一定感覺極佳。但是一直盯著對方看，目光始終不轉移就會令人不自在了，這也是為什麼在英國的電梯中，所有搭電梯的人只要一進入電梯就會各自尋找一個目標，以讓自己的目光可以投射其上，不論是禁煙標示也好，載重限制也罷，反正就是避免與搭乘同一電梯者目光不得不交會的尷尬。以下是一些與人相處時不好的目光接觸方式。

◆ 目光游移

　　會給人一種到處尋找目標的感覺，如在警探電影中，那一些偵探或警探在公共場所目光如探照燈般四處尋找目的物，這對偵探來說或許是對的，但是在社交場合就會給人毫無誠意，虛應故事一番的感覺。有些人（其中又以政客佔大多數）在被人互相介紹時，或是在與人握手時也會目光到處游移，儘管手還正在與人握手當中，也不顧對方之感受。

◆ 看著他處

　　與人交談時如果目光一直看著不相干的地方，這也是不禮貌

的，雖說一直看著對方不禮貌，但是一直他視，不看對方也是不妥的，這會給對方一種不受重視的感覺，會讓對方覺得你一直想要盡快結束交談而離去。

◆ 斜眼看人

這也是極不禮貌的目光接觸方式，有一句俗語：「這種人我連正眼都懶得瞧。」也就是說輕視對方之意，所以如果有人以斜眼方式看著你，你心中會做何感想？因此斜眼看人會給人粗魯、無禮、沒有教養的感覺，應該絕對避免。

◆ 不敢直視

也就是與人談話時，雖然態度恭謙但是目光始終不敢與對方正面接觸，一直在看自己的鼻尖、下巴、或是其他地方，這些都會給人一種膽怯、懦弱之感，似乎對自己毫無信心。如果這種情形發生在商場上，則對個人的人際關係必定會有不利之影響。當然如果是一對才剛認識的男女，女生在與男生談話時有如此情形是會讓人諒解的。

◆ 目光疲憊呆滯

看起來似乎一夜未眠，精神狀態極差，或是大病初癒，要不然就是剛剛加入失戀陣線聯盟。這會給他人一種虛弱、可憐的感覺，如果有這種情形則應力求改善，此時極不適宜參加任何社交場合。

◆ 太過熱情

目光炯炯有神，與人談話時熱情奔放，這種目光在一般場合是 OK 的，但是如果在與女士談話時，就可能給人侵略性太強或有追求對方的暗示。在商業場合這種目光也會給人咄咄逼人之感，如果是面對客戶，可能會給對方太過強勢，難以溝通的感覺，反而影響了人際關係之開拓。

眼睛是靈魂之窗，也是人與人交往時表達自己內心感覺的一個重要指標，當然可能因為每個國家、地區之風俗習慣而有所不同，但是其基本原則總是相差不太多，因此在社交時適當的眼神，配以合宜的手勢、語氣、身體語言等，對於留給他人良好之印象是會有相當大的助益。

聽演講之禮儀

知識傳遞頻繁的今日，儘管有電視、電台、網路等多種方式來傳達以及報導訊息，可是還是有不少人依然喜愛那種臨場感和親身參與的樂趣。有些演講會是被公司派遣前去，有些則是依個人的需要、興趣等自己前往的，同樣都有些禮儀是不可不知的。

◆ 準時抵達

如果演講場地是第一次前去，則必須提早到達，以便找到正確

場地和自己的座位。想一想，在大夥都坐定傾聽演講者演說之際，突然有遲到者冒失闖入，這不但會影響到其他的聽眾，同時一定也會影響台上的主講者。所以有些正式的演講會都有守門的工作人員，一待演講已開始則立刻暫時關閉入場處，遲到者只能在場外聆聽由擴音機傳出的現場實況了，而且一直要等到中場休息時方得入場。

若真的遲到而仍然可以入場時，最好暫時坐在後排無人處，以免找座位擠來擠去，造成他人的不便，待中場時再坐回自己的座位或找尋更佳的座位。進場後請立即關閉行動電話等聯絡工具，或至少改為震動模式，以免震驚四周，怨聲四起。

◆ 不要吝嗇掌聲

對台上的主講者來說，受到台下聽眾的鼓勵與認同是十分重要

的，再有經驗的演講者，面對一群漠然的聽眾時，也是很難維持高昂興致的，在如此情形下，動人的演講也不太容易出現。所以，適時的鼓掌，以求台上的人精采的演說！

◆ **不要中途離席**

不論是要上洗手間，或回一通重要的來電，或另外約會的時間到了必須離開，盡可能不要中途離席。如此會令台上的人心情受影響，以為自己講得不夠好，所以有人要走？台下的人同樣也會被干擾。所以，真的可能會有上述的情形發生時，也請在演講的中場休息時間離開，否則就在進場時選擇最後面的座位，以期造成的傷害減至最低。

◆ **如何提問題**

若是屬於會中可由聽眾自由提問之演講，問題務必與當天演講之主題相關，並請盡量簡明、扼要，不可藉機炫耀自己之學問知識而冗長發言。請記住，台上的人才是主角，前來聽演講的人是為了他，而不是為了你。如果自認言語表達沒有把握，可以用發言條的方式請演講者回答。

◆ **保持安靜**

演講進行或他人發問時請保持安靜，不要台上台下講成一片，如果真的不竊竊私語會很痛苦時，也請盡量小聲，以不影響到前後左右鄰座為原則。

◆ 就座後不要挪動身體

在場中不斷挪動身體，會影響到後方之聽眾；而以膝蓋或是皮鞋抵住前方座位之椅背，或是抖腳震動也會影響到前方及隔鄰的聽眾。

◆ 禁飲、禁食

所有會場幾乎都全面實施禁飲、禁食，請不要做一個大家都討厭的人。

◆ 攝影

國際上十分重視著作權，最好先問清楚是否有權可以自由拍照、錄影、錄音，可否使用閃光燈等等。

◆ 服裝

參加演講會的服裝一般以整潔為原則，在這種場合穿著最好不要太過炫耀、招搖，女士之香水及首飾也請節制，若喧賓奪主而變成眾人的焦點並不合適。

會談之禮儀

◆ 話題

初次見面或是不十分熟識的朋友經介紹而認識時，少不得在寒喧

過後繼續進行一些話題，在這種場合談話的內容就必須加以注意，盡量避免一些只有少數人士有興趣的話題，以免其他人只能無奈地聽下去，索然無味地等待聚會的結束。

◆ 避談的話題

　　避談政治、宗教等可能人人立場不同的話題，有些人雖基於禮貌並不會當場與你爭論，但在心中一定十分不舒服，可能你無意中得罪人而不自知，這自然也失去社交的意義了。

◆ 風趣幽默的談吐

　　風趣幽默的談吐一向為眾人所歡迎，但注意不要一直是 One-man show，讓其他人也有發言與參與的機會。說笑話時也盡量避免宗教、政治性的笑話，若有女士在場，也應避免太露骨的黃色笑話，否則會讓人覺得你太輕浮。

◆ 尊重他人的隱私權

　　避免詢問他人穿著、飾物等之價格，此點與國內女性頗為不同。當此話題一出，眾人都會感到坐立難安。儘管可以對他人的打扮加以讚美，但應適可而止不可太誇張，免得對方以為你在暗諷他。請記住：讚美也是一種學問。另外，不可談及他人之年齡，尤其是女士，這點大家多已知道，但請注意，女人也不可以

問其他女人的年齡！其他與個人的隱私權相關的還有：婚姻狀態、薪資、身體狀態……等，若有人已婚卻無子女時，亦不可如歐巴桑般追根究底的問個不停。

◆ 避免詢問商業機密性的問題

商業機密是企業生存的重要保障，如果一直詢問對方的營業額、代理商、或是 Suppliers 等，必定會引起對方之反感。

◆ 避免小圈圈

切勿形成小圈圈，社交的目的就是讓大家彼此認識、彼此熟悉，若是你只和自己熟識的人交談，不但無法達到交誼的目的，也會令人討厭。若不幸有這種情形發生時，不妨可以藉著去斟酒、上洗手間等方式脫離小團體，再伺機和其他人士交談。

◆ 不可竊竊私語

此種行為以女性居多，是一種不禮貌的舉動，會讓人有別人當著你的面偷偷批評你的相同感覺。若真的有私事要交談時，可以找一個人較少之處或角落，私下交談即可。

◆ 國際語言

只要有不同國籍人士在場時應一律使用英語，畢竟在場的所有人都有聽與說的權利，不可將之排除在外，否則極為失禮。像眾人皆知，香港同胞不論身在何處只要有兩人以上一律只講廣東話，完全不

尊重在場的其他人，就是一種負面示範。如果一定要說母語，一定要先向在場他人致歉，說明原因取得諒解後再為之較妥。

◆ 公開致詞

當主人或賓客在發言時，所有人都必須立即安靜下來，以示尊重，待發言完畢後才可再繼續彼此未完的話題。千萬不要如國內喜宴一般，台上的人大聲嚷嚷，台下的人是各說各話，似乎各不相干，這種情形在國外是絕對看不見的。

◆ 談話內容

一般以天氣、各地的風俗民情以及有趣的事情為佳，例如，在飲酒時，可以談談我國的酒類以及飲酒文化與西洋有何異同，或是各國的節日等，讓眾人皆有參與及表達的機會，同時也可增長彼此的見聞。至於如宗教、政治、種族、貧困等永遠有爭議的相關話題，是談話中的禁忌，千萬別公開談論，以免造成對立影響氣氛。

可以這樣說——委婉用語（Euphemism）

在社交中為了避免談話時太直接或是為了避免尷尬，常常會用修飾方式來表達其意，這就是所謂的「委婉用語」。委婉語的好處是聽到的人知道說者要表達的意思，而說者也可以用比較文雅的代替詞表達意思又不會予人粗俗之感。

中文中有不少委婉詞，如提及一些與死亡、罹病、女性生理、性、衛生等方面，多會以代替語為之。英文中委婉語叫做Euphemism，這個字是源自希臘語，eu 是「好」的意思，phemism 是「言語」之意，整個字的意思就是「好的言語」。

受過良好教育的人，尤其是女性，有一些字是絕不可以說出口的，一旦說出口則一定震驚四周，他人對其觀感也會大打折扣，所以一般都是十分謹慎小心的，以下是一些常用的委婉詞。

◆ 廁所

很少人用W.C.這兩個字了，一般多用 Bathroom（浴室）、Restroom（休息室）、Toilette（洗手間）、Ladies room（女士間）等來代替，更文雅的說法是 Powder room（補妝間）。

◆ 粗話

一般女士是不可說任何粗話的，但是為了表達不滿、憤怒、不屑

等情緒時，可以用一些無傷大雅的委婉詞來表達的，如「Damn it」可以説成「Darn it」的，正如中文説「他媽的」不文雅，但是可以説成「他母親的」或是「問候他母親」。「Shit !」常在電視中聽見，也是一粗話，但是如果説成「Shoot !」就比較不會太難聽了。「Fuck !」這個字更可怕，所以就有人説「Fork !」來代替。「Son of Bitch !」一般將之縮寫成「S.O.B.」或是以「Son of Gun !」代替。

◆ 上帝

信仰基督教或是天主教的國家是准許隨便稱「God」或是「Jesus」的，如果有人不斷提及上述兩字當成口頭語時，必定惹人厭惡，如説 Oh, my God !或是 Oh, Jesus Christ !都是不妥的，如果一定要説就以 Oh, my gosh !或 Oh, my goodness !來代替吧。

◆ 關於女性

乳房應為 Breast，但是僅用中性的 Chest 來表示。內衣褲 Underwear 有時以 Unmentionable（不可提及）來代替，生理期則用 Friend（朋友）或Auntie（阿姨）來代替。

◆ 死亡

一般用 With God（回到上帝身邊）、Pass away（離去了）或 No longer with us（不再與我們同在）等代替。

One is on the way

◆ 桃色新聞

事關個人名節，一般僅用 Affair，或是最多用 Love affair 表達即可。

◆ 臭味

一般僅用 Smell（有味道）表示發出臭味，但是 Smell 也同時可以表達香味之意，端視說話者表情而定。

◆ 懷孕

可以用 One is on the way（有一個人正在前來的路上）、Expecting（令人期待的）等表示，不過這是指正常、合法時懷孕；如果是未婚懷孕等就必須用 An accident（意外）或是 In trouble（有麻煩了）來代替。

Lady First

談到國際禮儀，就一定會聯想到「Lady first！」這句話。在今天的世界上，除了少數地方外，在一般較正式的場合，這句話可說是放諸四海而皆準的。無論是飲食、交通、娛樂，都無需明顯標示著上述話語而人人皆奉行不渝，這種情形常令國內女性在國外旅行時會有「受寵若驚」的欣喜。

◆ 行走

在馬路上行走時，男士須走在靠近車輛之外側，而讓女士走在近牆壁或商店之內側，這一點是源自古老時代，當馬路還是真的「馬」路時，每當天雨必定滿地泥濘，過往馬匹車輛奔馳而過，常會濺起污水及污泥，男士則剛好以身護花，充當女士之擋箭牌。現代雖然這種道路已很罕見，但男士走在外側的習慣則已經根深柢固。

◆ 進入餐廳

女士應走在前面，即依序是：餐廳領位人員→女士們→男士們。待侍者替女士們安頓好座位後，男士們才可以坐下；若無侍者替女士服務時，男士應先走到女士的座位旁，替她（們）拉出椅子，擺開餐巾後，方才走回自己的座位再坐定。

如果席間有女士欲離席，此時在其身旁之男士也應立即起身為她拉開椅子，讓她方便離去，然後自己再坐下來。而女士返回時，同樣程式就應再重複一次，這一點我們東方人看起來好像很麻煩，似乎沒有必要，但在正式場合若這位理當伸手服務的男士端坐不動的話，一定被其他在場人士視為粗魯無禮、沒有教養。

◆ 進入轎車

男士應先行打開最近的一扇車門，待女士坐定後，關上車門，繞過車後，再自己開門坐進轎車內。下車時也是男士先開門下

車，繞過車身，替女士開門，待女士完全離開車後，再關車門，然後一起離去。

◆ **進入電梯**

男士也須先行替女士擋住電梯門，女士進入後，自己才進入並按下欲去的樓層。抵達該樓層時，也須先用手擋住電梯門，待女士完全走出後方才跟上。此點不僅適用女士們，一般對待客戶、長輩或重要人士均如是。

◆ **上樓梯或是電扶梯**

上樓梯時男士應走在女士後方，以防萬一女士跌倒時可以攙扶；下樓時則相反，應由男士領前，其道理與上樓梯相同。不過如果女士剛巧著短裙時，此時上樓梯時男士可以讓女士選擇先後，以免讓女士感覺尷尬。

◆ **進入旋轉門**

若門仍在旋轉，則女士優先走入；若是處於靜止狀態，則男士先入門內以便為女士轉動旋轉門。

◆ **公共場所**

如巴士、輪船、火車上，一般來說男士不必讓座給女士。我們常說：讓座老弱婦孺是美德。但國外情形大不相同，他們是以權利與義務之觀念為出發，既然已花了錢買了票，則自己的權利與他人是一樣

的，沒有讓座的義務。一般比較有可能看到的情形是讓位給孕婦、懷抱嬰兒之婦人、殘障人士以及真的十分老弱的人。但從來沒看見有人讓座給小孩子（孺）的，在他們的心中是不可能有買票的人讓位給沒有買票的人這種道理的。

◆ 自助餐會

主人多會宣布：各位來賓，請自取佳餚，OK！Ladies first！這時男士須在原位等待，待女士取完首輪後，男士再依序取用。

以上所言不過舉舉大者，必須用心體會方能運用自如，尤其要注意的是，在為他人（特別是女士）服務時，不但時機要恰到好處，而且神情舉止也須愉悅，好像是在訴說：能有此一服務的機會，實在是無比之光榮。如果無法揣測捉摸，回憶一下幼童時在學校為老師服務時的光榮心態就對了！

偶遇陌生人

也許是不同文化的差異吧，在與陌生人相遇時，個人之不同反應會自然地反映在不同的文化區域裡。我們生活的社會中，如果是公共場所，不論是空間很大的電梯，或是寧靜的散步小徑，或許只是海灘上清晨黃昏的偶遇，只要是在夠近的距離，雙方也均意識到：我已看到你了！此時如何對一位有可能從此不會再見到

的陌生人表達人與人之間的善意與關懷呢？

◆ 不用矜持，放下自我

　　當你看見對方的那一瞬間，點頭、微笑，可能的話再加上一句「嗨！」或是視時間而定的「早安！日安！」等，讓他感受你的和善與禮貌，自然而然也還以相當的問候，然後擦肩而過，不是滿好的感覺嗎？

◆ 自動門

　　身後有人要進入自動門內時，請為他擋一下門讓他方便通過，區區舉手之勞，但受者心中將十分愉悅，一聲謝謝也足以回饋你一點心意。

◆ 超級市場

　　在超級市場或購物中心排隊付帳時，若身後之人手上僅有少數物品，而你卻是採購滿車時，不妨禮讓其先行結帳，保證讓對方感激不已。「First come，First serve」是可以改變的原則，端視當時之情形而調整。其他如殘障人士、孕婦等不適宜久立者，也請盡量禮讓他們優先結帳。

◆ 等候計程車

　　若有人手上拿滿了大包小包的東西不方便開車門時，不妨替這位

可憐的購物者打開車門以利其進入。沒有規定非如此做不可，但「仁民愛物」不就是如此嗎？

◆ 雨天

將雨傘與陌生人分享，共同走過一個路口、一段街道，將是對方一段美好的回憶。

◆ 電梯門

有人在電梯門即將關上時才匆匆趕到，而只有站在近門的你才知情時，請為他擋一下電梯門，讓這位可能急著上下樓的人，不必再浪費無謂的等待時間，讓他心中溫暖一下。

◆ 在飛機、輪船等公共場所

如果有人似乎對你手中看的免費書報很有興趣的話，不用等他開口，在你看完後主動詢問這位陌生人想不想看，大可不必一定要歸還原處，讓他再跑一趟去拿。

雖然只是萍水相逢，相識僅一剎那，但人與人之間自然關懷就是由此而生。正所謂「勿以善小而不為」，只要是我們有能力幫助他人時，就盡量放手去做吧！這種機會處處皆是，譬如說有人要打公共電話時，剛好就沒有銅板，如果你在旁邊，

而又有足夠的銅板時，你會怎麼做呢？有人不小心遺忘了東西在桌上就離去、有人掉落了物品在地上而不自知時，你是目擊者，你又會怎麼做呢？沒錯，就是那樣，發揮你的美德吧！

　　有一年冬天大雪紛飛時，我正在印度北部的喀什米爾旅行，手凍腳僵之際，突然有一當地之老者趨身前來，由身穿的斗篷中取出一隻暖手的小火爐欲與我一同取暖，面露驚訝的我心中充滿了感激，老人的面貌我早已模糊，但這件事情我永難忘記。

個人基本空間權

　　說到個人空間，國人似乎不太容易體會，而在歐美等國則是一項非明文表示之禮儀，也是對他人活動空間之尊重。尤其在英、德以及中北歐等諸國家地區，這種人與人相處間互相尊重更是十分明顯。

　　所謂個人空間，就是當人與人相處時必須保持的最近距離，也就是說當兩人在談話或是非刻意相聚一處時必須保持的最小距離，如果有一方打破了此一無形的牆，則另一方會開始不安、不自在，甚至緊張，待對方保持適當距離時，一切又恢復正常了。

　　曾經有專家以此為題對歐洲國家做過調查，發現了一些有趣的現象，也就是氣候愈冷的國家，如英國、芬蘭、德國等，所希望的個人空間權愈高；反之，如法國、西班牙、義大利等則是相對的距離短了很多，其中又以義大利約五十公分為最近，這一點當我們在義大利旅

行時即可發現，義大利人在聊天時，彼此的確是靠得相當近的。

　　至於要求個人空間權最大的則是英國，這除了與英國寒冷的天氣，冷淡的人際關係有關連外，英人從小被教育極度重視他人隱私應有相當影響，與陌生人相遇時英人多不會主動開口攀談，即便開口也只是禮貌性的寒喧，簡短平常、點到為止。因為他們深怕打擾到對方之思考與享受寧靜的權利。

　　另外由英國人的排隊方式也可以看出端倪，無論購物或使用公共設施，英人一向自動排隊，但是他們是十分鬆散的排隊，與一些共產國家人們排隊時前胸貼後背的排隊方式大異其趣，可是雖說是鬆散，但每一個人都十分清楚誰是下一個，如果服務人員不清楚或是弄錯時，其他人一定會指出誰才是應該排到的下一個。

　　令人驚訝的是，英國人的基本個人空間竟然需要一百五十公分，竟然是義大利人的三倍之多。

　　至於世界其他國家部分，美洲以加拿大最高，美國次之，中南美等國家則由於民族性的關係與南歐國家十分相似。亞洲國家以日本為最高，韓國次之，東南亞國家則與南歐及中美洲國家類似。而我國國民則屬於中度個人空間要求者，似乎也符合國人之民族性。

第四章
辦公室基本禮儀

商業人士每天最長時間面對的環境就是辦公室。在辦公室內如果不得禮，不僅會影響到上司、同事間的相處氣氛，牽動到整個公司內部的人際關係，同時，也會因為不良的工作氛圍而影響到工作的效率和品質。因此，辦公室禮儀可以說是商務禮儀的最核心。我們將從進入辦公室前——應徵、面試——的部分開始談起，再擴及辦公室必定要面對的使用電話、進行會議之禮儀，並且探討辦公室最熱門的話題——辦公室戀情，讓身為商業人士一份子的諸位，在掌握住辦公室禮儀後，能在辦公室大展身手、如魚得水。

應徵須知

不論是剛剛才離開校園的社會新鮮人，還是轉換跑道的上班族，我們一生當中有相當多的機會去應徵新的工作，當然還有機會當主管或是老闆親自去尋找公司的千里馬，因此有許多應徵方面的禮儀就不能忽視了。

如果是小型公司徵人，則不是請人介紹，就是在報紙上徵人廣告欄登一登就了事，然後就靜待應徵者上門，再從中挑選適合的人才加

以錄用，若無合適之人，就再次刊登廣告，一直到找到合適的人選為止。

　　然而國內外大型公司的徵才方式可就複雜仔細的多了，務必從可能的人當中找出最適合該職務的人選，也因此從廣告文稿之撰寫、廣告媒體之選擇、廣告方式之決定、應徵場地安排、應徵方式之敲定、篩選人才之原則、筆試、口試、錄取通知、在職訓練等每一項都馬虎不得。所以每次一有徵人活動，不但人資部門（Human resources）忙得人仰馬翻，相關部門也是忙得不亦樂乎。一般大企業徵才大都依下列方式進行：

1. Advertise the Jobs　刊登徵才廣告
2. Receive applications　開始接受應徵函
3. Sorting the applications　將應徵者分門別類
4. Select the candidates　篩選較適合者
5. Take up references　調查應徵者資料（如學經歷、推薦信等）
6. Interview　面試
7. Select appointee　篩選出適任者
8. Inform candidates　通知錄取者報到

　　坊間教導上班族如何應徵成功的書籍比比皆是，在此不再贅言。不過有一些原則是不能不注意的。

◆ 應徵函

　　應力求簡潔扼要　要知道每次企業徵才廣告一刊出，一定會有成千上萬的應徵函如雪片寄來（許多企業現在多改用 E-mail），HR

部門要在極短的時間篩選合適之人。因此,如何簡潔扼要地吸引HR的目光就是 Key point 了。

採用傳統之格式較受歡迎(至少較不令人生厭)

應徵函並非創意比賽,不可弄得花花綠綠的。

字跡力求工整 字跡工整才能使徵才企業留下好的印象,若是以電腦打字也應注意不可有錯別字,簽名部分必須親自簽,千萬別學鬼畫符般亂簽一通,字跡工整的應徵函最少會有基本分數。

墨水 應以黑或是黑藍色為佳,千萬別用淺藍色或是其他顏色的。鋼筆書寫最為正式,原子筆次之。

所有欄位務必盡量填滿 空欄位太多會讓人有敷衍或是隱瞞之嫌。如果有照片欄位,一定要貼上近照,當然是大頭照(證件照片)。我曾不止一次看見應徵函上貼的是生活照。

信封務必用標準信封 公司名稱、地址、收件者務必清楚正確,應徵函之摺疊也須注意,請整齊對折但不可折到照片。

面試禮儀

◆ 接到通知後

在接到面試通知後,如果是信件就罷了,若是 E-mail 通知則最好立即回函致謝,並表示會如期準時參加面試,一方面讓通知者放心,另一方面可藉此展示自己的禮貌與感謝。至於最常採用的電話通知,

則一定要清楚告知自己的意願，並詢問清楚應攜帶之相關證件，當然致謝並表示會如期準時參加面試自是不可少。

◆ 做功課

　　之後可利用時間上網，以瀏覽一下該公司背景及產品的相關介紹，增加對應徵公司的認知，如此在面試時可以與面試者有共同的話題。試想，如果面試時，應試者面對一位對其公司之過去光榮事蹟，以及未來願景均知之甚詳的應試者會有什麼看法？

◆ 服裝儀容

　　無論男性女性，應徵時之服裝必須力求整潔大方，雖不必刻意打扮，但是髮型、服裝（包括外套、上衣、褲、裙、鞋襪以及整體之搭配，如果沒有把握，寧可保守切勿新潮！）姿態、精神狀態、面試時之態度等均是需要自我要求注意的。

◆ 準時赴約

　　眾人皆知，準時赴約是最基本不過的禮儀了，尤其是面試。但是天有不測風雲，如果真的不幸即將遲到了，務必立即與通知者取得聯絡，告知實際情形並請求諒解，當然最重要的是懇請對方務必再給你一個機會，例如說面試時間往後延等等。不過為了避免此種忌諱發生，提早個二、三十鐘出發

吧。

◆ 等候

可能是你獨自一人，也可能有其他競爭者和你尷尬的共處一室。此時不妨主動與他人禮貌性的閒話一番，一方面表達風度與善意，另一方面也可能與未來的同事提早建立良好之互動。如果是獨自一人時，亦可利用時間瀏覽一下該公司的相關介紹，以便增加對公司的認知，表達你強烈就職的意願。

◆ 面試

首先要注意自我介紹的禮貌，如何大大方方的讓對方留下深刻的印象？所以必須注意的不外乎：坐姿、目光接觸（太頻繁則有咄咄逼人之感；太少則又失之心虛或是輕視。）措辭用字、表達能力、專業知識等。

常常讓人忽略的是，進出房間的門開關狀態、坐椅的位置。每一個人都喜歡他人能夠隨手將物品恢復初始原狀。Last but not least，務必向主事者表達謝意，如果能夠以不同方式表達更佳，此時應知態度誠懇比禮貌謝辭更有效果。

◆ 證件

我曾經遇過應徵者之必備文件完全未隨身攜帶，結果自然可知。一般公司均會要求應徵者攜帶相關證件，如畢業證書、資格證書（專門技術如電腦相關、會計師、領隊執照等）推薦函等。這裡不用說明各位一定知道證件必定是指正本，從沒有人以影本給他人檢查的，除

非他的正本有問題。

◆ **後續追蹤**

　　面試完後，有規模的公司其HR人均會先將比較合適的應徵者集合起來，然後相關人員會決定通知哪些人再來與該部門主管再次面談，已確定應徵者是否就是 Right person， 並排出優先順序以便替補，因此後續追蹤是可以的。但是技巧要相當注意，可以以感謝公司給予面試機會為由表達感激之意，並藉機強調自己的意願與適任性，雖然主事者心中明白此為「項莊舞劍」，但是至少也增加了他對你的印象。

電話禮儀

◆ **電話之重要性**

　　有史以來電話是人類使用最頻繁的通訊設備，不但聯絡了人與人之間的情感，促進彼此的交流，也是目前社會上不可或缺的生活必需品。雖然電話已發明多年，普及率又是如此之高，但是仍然有不少人不太懂得電話的基本禮貌，所以也可以這麼說，只要聽聽電話的交談內容，即可以判斷一個人的教養水準以及社會化的程度。各大企業、公司，尤其是服務業，電話更可以說是生命線，因為有相當多的客戶都是以接電話者的態度來判斷這家公司值得信賴的程度。

◆ 電話鈴響

　　接電話時不要讓電話鈴響太久，有些公司甚至硬性規定，電話鈴聲超過三聲以上未接就屬失職，將遭嚴厲訓斥。

◆ 首先報上自己姓名

　　拿起電話後，首先報上自己的部門或是姓名，以便電話的另一端知道此時是誰在聽電話。如果電話是經由總機轉至部門，沒有必要再報一次公司名稱，否則對方可能會一陣疑惑，此時報上部門名稱或自己的姓名即可；若是直接接到，則要先報上公司名稱，讓對方知道電話打對了。在電話中自己稱呼自己時，千萬不可以將自己的頭銜加上，如董事長、總經理、甚至是先生、小姐……等，因為這些頭銜都是社會上的尊稱而非自稱，如果誤用必遭人笑話（詳見本書第三章＜稱呼禮儀＞）。

◆ 電話中的聲音

　　說電話的聲音應適中，愉快中帶有極願意與對方交談的意思，任何人都希望電話的彼端傳過

來愉快、親切的聲音，若是聽到的是心不甘情不願、音調低沉、公事性的回答，心情一定不好。如不少公司員工在電話中常有：「喂，找誰？你哪裡？等會兒！……」等相當鄙俗無理的情形。

◆ 注意基本禮貌

多用「請、謝謝、麻煩你」等字眼，語句也多用祈使句，少用命令句。語氣則最好盡量婉轉，一方面顯示你的個人水準，一方面讓聽的人樂意為你服務。國內有不少公司，電話接得亂七八糟，常常可以聽見員工滿腔不耐地回答來電：「你哪裡啊？他不在，你待會兒再打！」連一句：「請問哪裡找？要不要留話？」都不會說，讓打電話的人一聽就後悔打了這通電話，更別說是下次再打了。

◆ 插播電話

若正在通話又有另一通插播電話時，應先請第一通談話者暫時等待，然後告知第二通來電者現在正與人通話中，可否待會兒談完之後再覆電給他，然後再繼續與有優先權的第一通電話交談。當然若是後來的電話非常重要，或是你不太想和前一通的人繼續交談，則可以相反的順序為之，並不失禮。

◆ 代為留下訊息

若對方找的人目前不在場，則可以代為留下訊息，以便其人返回時可以回電。訊息務必留清楚，對方姓名、電話號碼、目的以

及來電時間等，最好都記載清楚。一般來說，在對方來電二十四小時內必須回電方才妥當，因為不回覆來電等於是讓對方罰站，等待與你交談一般，非常不禮貌。

◆ **打錯電話時**

不必生氣，不可口不擇言，有時可能不是對方的錯。只需告知 "Sorry, wrong number！" 即可。而打電話的人若心中懷疑，也可以先詢問對方撥通的電話號碼是否是xxxxxxxx，若不對，則應道歉然後掛斷，不可以粗魯地反問對方：「喂！你們那裡的電話號碼幾號？」

◆ **性騷擾電話**

不要驚慌、不要生氣，否則對方會更興奮，只要斷然地掛斷即可。若對方仍一直打進來，你可以（1）拔掉電話插頭。（2）冷峻告知你已加裝了電話錄音，若再打來將報警處理。

◆ **長話短說**

盡量精簡內容，以達到簡明扼要之程度，無論在家中或是辦公室，一直佔著電話線總是不妥當的，若真的有那麼多的事要談，為什麼不約出來見面一敘？

◆ **有人到訪**

電話交談中，若有人來訪，則當然以造訪者為優先，你可以告訴對方目前正有客人，不方便與對方久談，可以留下對方姓名、電話後

再行覆電即可，但可別忘記回電。

◆ 避免干擾他人

　　打電話時請注意個人作息之習慣，避免干擾他人生活。國際電話也必須注意時差問題，最好選擇一個雙方都適合的時間較佳，否則可以傳真或E-mail代替。

◆ 行動電話

　　行動電話在近年來非常流行，是一種極為實用的通話工具，但於使用時請注意身處之場合，如在公共場所，像是地下鐵、巴士等地時，可能由於人聲嘈雜或是收訊不良，不自覺地就會愈說愈大聲，以致旁邊的乘客耳朵都遭受無妄之災。可憐的他們不得不強迫自己聽一個不相干的人談他的公事、私事、無聊事！所以若是真的收聽不清楚時，可告知對方你待會兒再回電，別一直大聲嚷嚷：「喂～喂～你聽得到我嗎？」

◆ 禁用手執聽筒

　　開車時禁用手執聽筒通話（可用耳機式），在許多國家已變成法律了，違者將受重罰，若是臨時接到電話又無耳機時，也請先靠路邊暫停以便通話，不要一面談話一面開車。如此不但危險，而且因為你會不自覺地放慢車速，以致在你後面排隊的車輛保證把你恨得牙癢癢的。

辦公室禮儀

◆ 上班穿著

　　既然是出外工作，那麼服裝就是一項基本的要求了。當然可能公司屬性不同會有不同穿著期許，例如網路業大紅大紫之際，美國矽谷之科技人標準服裝就是一件 T-shirt 外加一條牛仔褲（或是休閒褲）；但是當網路業一夕變天後，這些身著大學生服裝的過氣新貴，也就不得不重新接受社會規範，再度穿起西裝、打起領帶了。所以乾淨的襯衫、領帶、長褲及皮鞋應該是最基本的要求。女性則力求大方整潔，千萬勿暴露煽情，當然亦不可每天牛仔褲一條，數十年如一日，穿著得體應該是最佳指導原則。

◆ 辦公室言語

眾人皆知，辦公室最忌諱說長論短。但是除此之外，私事過多、言語曖昧、肢體語言誇張、言不及義等也是令人生厭的，其中又以打情罵俏、亂開黃腔為最。任何一個有制度的公司都不會准許職員有上述這些不像樣的舉止。

◆ 同事間招呼

曾經有一個公司的總經理為了員工之間彼此冷漠以對、鮮有互動而大傷腦筋，經過幾次會議討論後覺得「都是制度惹的禍」。因為公司力行新的責任制，造成部門互推責任，互踢皮球，有些人拿著雞毛當令箭；有些又是一切「依法辦理」，產生了新的官僚。

其實，這並非是絕對之起因，同事間打招呼本是最自然不過的事，大家都是為公事，一切討論只是為求最佳之結果而已。若有人對其他同事冷漠以對，如隱形人般視而不見，其實已是個人家教以及修養的問題，公司或主管若再不要求，就會造成此一現象。我當主管時也曾發生類似狀況，經過與對方主管溝通後，舉辦了一場兩個部門的餐會，然後煞有其事地重新介紹了彼此早已相識的員工，大家強忍著笑仍然配合演出，從此以後再也沒有冷漠的情形了。

◆ 公司資源

有一種員工是最令老闆恨之入骨的，那就是浪費公司資源者。所謂浪費就是指能省不省、不該用卻用。如亂打私人長途（手機）

電話、私事擅用傳真機、影印時錯紙一疊，其他小事如：白板筆帽沒蓋好，導致筆雖有墨水卻無法用……動作粗魯，損壞一堆公司器材……電燈、冷氣該關不關，造成無謂的浪費等。萬一公司那天要裁員，你猜老闆會先裁誰？所以最佳節省之道就是將心比心，在公司如在家中，小心使用、能省則省。

◆ **商務機密**

　　早年創立的公司不知「商務機密」的意義，而現在拜科技發達之賜，公司的小事都可能變成競爭對手悉心收集的蛛絲馬跡，藉以研判分析。因此幾乎所有公司都有極其嚴密的防範措施，避免資料外洩。所以現代商務機密最可能外流之管道，反而都是一不小心，也因此在辦公以外絕對不談論公司之事，無論人事、技術、瓶頸、客戶、營業額等均應絕對避免。

◆ **公共設備**

　　有不少公司位於商業區或科技園區，由於人數不是很多所以

080

都是兩家或是數家公司共用洗手間、茶水間等設施。此時應顧慮公司以外他人之使用權，如洗手間使用後沖水，保持清潔；茶水間應保持乾淨隨時清理，以免下一位使用者皺眉頭；禁菸場所如樓梯間、電梯旁等應勿吸煙等。注意公德心之發揮，敬人者人恆敬之。

公司會議

◆ 會前準備

可能是部門內部會議，也可能是跨部門會議，例如一項新產品即將 Launch to the market 時，一定會有好幾次的跨部門會議，業務部、企畫部、財務部、研發部、工程部、公關部等均少不了。因此會議籌辦者必須確實瞭解哪些部門的哪些人一定要出席或是列席，如果有人出差或是臨時有要事無法出席時應找何人替補。

其次決定開會之日期及時間。再來就是會議之地點，有些公司有好幾個會議室，確定開會人數後再決定會議地點，太大太小均應避免，方便性（對所有參加者）與不受打擾也須列入考慮。

接著就是會議內容，也就是議程（Agenda）了。議程是會議之精華所在，務必安排順暢妥當，而且必須合理。議程時間之分配也須妥善，如果沒有把握，不妨與各參與部門事先討論。如果有安排午餐或是茶點，也必須在議程上明列出來。

◆ 開會通知

一切準備完成後，就是開會通知。公司一般多會在七天之前通知所有與會者，如果是大型的或是十分重要的會議，更是得提早通知大家，方便提前準備。在國外幾乎所有參加者都是有備而來，希望務必在有限的時間完整地表達己見。當然，台灣許多中小企業的老闆開會時是興之所至，自己閒閒沒事，臨時召集人馬開個會是很常見的；更有甚者還會將休假中之員工召回，然後開個員工聽訓似的無聊會議，以便展示頭家之權威。

中外會議最大的不同是，外國會議之目的在「解決問題」，能夠十分鐘開完的會就不會拖到十一分鐘；國人會議則多在「宣達上令」，說明政策、方向等，時間一般都相當長，因此有人戲稱：「本公司什麼都缺，就是不缺會議，從早到晚、周一開到周五……」

◆ 再確定

發完開會通知後，相關部門多會在開會的前一、兩天再度確定會議時間、地點及與會內容。

◆ 場地、器材檢查

會議前務必再檢查所有相關器材，尤其是會議室之前若有其他人使用過會議器材，仔細檢查空調、麥克風、投影機、白板筆、雷射筆、Notebook……等，如果有問題可立即解決。此外桌椅及地板之清潔亦需一併注意。

◆ 會議記錄

會議前一定會指派專人擔任記錄,該人職司簡潔記錄會議中之各項發言與決議,並在會議結束後將會議記錄提供給每個人參考,並簽名確認,以為下一次會議之依據。

辦公室戀情

對於繁忙的現代上班族來說，工作幾乎佔了一半以上的生活時間，而在如此長的時間與密切的接觸下，異性工作夥伴日久生情的狀況也越來越普遍，這就是俗稱的「辦公室戀情」。其實，辦公室戀情就如同在學時期之「班對」、「校對」一樣，只不過是異性由於有機會接觸，自然而然發生的愛戀罷了。可是辦公室戀情為何特別引起他人之議論與注目？為何一般公司企業多不鼓勵此種事情發生，更有些公司會明令禁止，這可能是戀情影響所及，絕對不止於兩人而已。感情好時，頂多是讓周邊的某些暗戀者失望；但是一旦感情生變，極有可能連雙方之上司、部屬，其他同事統統牽拖下去，不但造成詭譎的辦公室氣氛，連帶可能影響公司之作業等等。

據瞭解，超過一半的上班族認為：辦公室戀情只能地下化祕密進行，甚至有許多人認為，為了彼此好應該換工作，或至少調部門。辦公室是個嚴肅的場所，感情卻是很私人的，所以最好不要將工作和這種「地下情」攪在一起，俗語說「紙包不住火」，時間久了眾人不知也難。我曾經眼見過幾次「辦公室戀情」，當兩人如膠似漆時，眾人不過開開玩笑消遣一番，但是一有勃豀發生，大家心知肚明，難免影響情緒。此外，如果一方是使君有婦或是羅敷有夫，一旦東窗事發，保證公司雞犬不寧。

我聽說有一家公司的老闆發生辦公室戀情，不幸的是，他是已婚者，卻偏偏愛上自己的助理，最後居然與老闆娘——公司的業務經理——離婚。但是原任老闆娘自認是公司創始者之一，於是來個打死不退，仍然在公司任職，每天照樣與前夫開會，但是他倆從不說話，所有事情一律用紙條來回傳遞，五分鐘可以解決的事，往往得來回傳個十數次紙條，累壞了職員，也變成其他同業的笑柄。果然，不到一年該公司就關門大吉了。

辦公室戀情一旦分手，兩人見面要不成天鬥雞眼，要不就視對方為空氣，雙方都不可能不尷尬。兩人分開了，不但要面對彼此，還會讓人在背後指指點點，也

是很多人的憂慮。所以戀情曝光時，最好請調不同部門，免得感情波折影響自己，也影響同事的工作情緒。

　　還有，女性如果跟公司主管或老闆談情說愛，也常常是同事背後議論的焦點，不是說什麼攀龍附鳳，就是說少奮鬥十年，甚至還可能會有更難聽的話流傳，例如說以××換××等等。這種敏感尷尬氣氛，往往會損害公司專業形象，也影響同事的工作情緒。正因如此，一些企業都不鼓勵這種戀情，至少同部門的同事不可以談戀愛，要談就先調部門再說。

　　不久前在網上曾有一篇流傳甚廣的文章《辦公室戀情的N大好處》，文中談到：

　　＊情人的眼神常在，讓辦公室的生活不再乏味。

　　＊心中有所期待，為著那一頓共同享用的短暫午餐。

　　＊做事更出色，情人的眼神閃爍著鼓勵和為你驕傲的內涵。

　　＊遇小挫折，情人的眼神為你默默加油。

　　＊可以互相照顧。

　　＊少了激情多了平實，是一種很實在的感覺和幸福。

　　＊大大節省了戀愛成本，生活也有了很多便利。

　　但多數辦公室戀情都不會如此美好和順利。要發展辦公室戀情，會如「火中取栗」般危險與艱辛。通常辦公室戀情最大的阻力來自老闆和上司，過分親密的個人關係自然不利於正常業務、工作的開展，如工作中卿卿我我；該加班時卻雙雙開溜；無緣無故兩人一起請假等等，自然會影響工作；一方的成敗得失，也會影響到另一方的情緒和狀態。更有甚者，比如一方辭職，另一個很可能也會馬上把老闆 Fire 掉，這些都是很多現代企業中所忌諱的事情，因此，有不少公司就明令或是暗示禁止同事戀情。聰明的你（妳），應該明白該怎麼處理「辦公室戀情」了吧！

第五章
商務餐飲禮儀

在商務交往中，我們有許多的機會與他人共同用餐或是同飲，由於中西餐飲禮儀有極大的不同，因此用餐的禮儀與習慣宜入境隨俗。譬如說，湯總是第一道就上桌，而非最後才登場，這就與國內習慣頗為不同，此外還有許多地方也是我們必須知道的。

用餐基本禮儀

一般在國外的習慣多是以晚餐歡迎客人的抵達，正如我們所說的為客洗塵一樣，故有所謂歡迎晚宴（Welcome dinner），晚餐後也多不會安排節目，以便讓遠到來客好好休息一晚，解除舟車勞頓。而客人會議完成或是參訪完畢時多以午餐宴客，以便客人訪友、購物，或是有充裕的時間搭機返國，這就是歡送午宴（Farewell lunch）。當然，還有一些開幕、閉幕、產品發表、簽約等的儀式後，會有簡單的飲食款待來賓，這就是雞尾酒會（Cocktail party）了。

無論晚餐也好，午餐也罷，參加者一般多是以正式餐會之規格著裝的，當然有些規矩就不可不知了。

◆ 進入餐廳

不論是否已有訂位，在到達餐廳等待區時，必須先告訴帶位人員總共有幾位、是否有預定等，再由帶位人員帶領下依序進入。千萬不可自行闖入，隨便就座，不但給人粗魯無禮的感覺，並極有可能被服務人員請出餐廳外，十分難堪。如果沒有服務生幫助就座，男士應該主動為女士拉出座椅，待女士坐下來後才可以回到自己的座位坐下，一切動作自然優雅毫不造作，女士們則樂於讓男士有服務的機會。我在國外從來不曾看見女士自己拉出座椅

就坐的。

◆ 餐桌排列方式

正式餐桌排列方式多會在桌面上擺上客人名牌，必須依指示入座，原則上以主人的座位為尊，其次是主人的右手邊、左手邊尊卑順序，離主人愈近則表示越受主人的重視。而敬陪末座者多是離主人距離最遠者，所以外國人餐會時誰是主客，誰是陪客一目了然，絕對不會弄錯。像是國內聚會時，彼此謙讓、推辭的情形是不會發生的。

◆ 正式餐會

如果是正式的餐會，在開始用餐時，主人多會用湯匙輕敲酒杯，表示有人要說話請大家安靜。待大家安靜下來後，主人會致詞歡迎大家的光臨，再介紹來賓，最後也可能會請大廚師出場為大家介紹各種菜色，才開始用餐。

◆ 輪流取菜

若在餐桌上輪流以大餐盤（Dish）取菜時，則必須注意由主人開始的順序取用。由於用餐人數早已確定，取菜時務必酌量，若有生蠔、乳鴿等也只可一次取一個，避免後面的人面對空盤無菜可取，十分尷

尬。所有人取菜之後，必須待主人開動，其他人才可跟進用餐。

◆ **謝飯禱告**

　　在基督教及天主教國家，在用第一道菜之前會有謝飯禱告，此時必須低頭閉眼保持安靜，最後與大家同說「阿門！」後，方才結束禱告，並開始用餐。切記不可東張西望，或是一付事不關己的樣子。

◆ **注意姿勢**

　　用餐時，須注意姿勢，手臂不可太張開，妨礙鄰座；用刀切肉最好切一塊吃一塊，不要切的滿盤子堆滿了肉塊，不太好看。但是兒童例外，可由父母幫其全部切好，再一塊一塊吃。一般來說，歐洲人進餐時雙手分持刀叉，左叉右刀切食使用，而美國人常常切好食物後，把左手的叉子換到右手，再用右手進餐，所以歐洲人喜歡嘲諷美國人不會用刀叉！

◆ **先拭去口紅**

　　女士用餐前最好用紙巾（不可用餐巾）拭去口紅，以免餐具留唇痕；咀嚼食物必須閉口，並避免發出聲音；若有餐具掉落則可請服務生換新的來，不可用餐巾加以擦拭後再使用。

◆ **洗指碗**

　　一般用完生蠔、龍蝦、蝸牛等較有腥味的食物後，多會附洗指

碗以便洗手指，且為避免混淆，多會在洗指碗內放一朵鮮花等加以裝飾區別，若錯當飲用水一飲而盡，保證震驚全場。

◆ 喝湯

若盤碗的底層湯汁不易喝掉，可以傾斜方式取用；若小型湯碗則可拿起來飲用，但湯盤不可離桌。

◆ 吃水果

吃水果時，必須用刀將水果切塊後，以叉取用，如香蕉須切段取用，不可直接用口咬食。若有果核則應輕吐在叉子、餐巾紙或湯匙中再倒入餐盤內，直接由口中吐在盤中十分不雅。

◆ 敬酒

敬酒時必須由自己身邊的女性先開始，再依序漸敬漸遠。不可一下子東、一下子西，非常不禮貌。女性一般不主動向人敬酒，有人敬酒時可以果汁代替。還有國外並無乾杯、灌酒、拚酒等習慣。

在餐廳內不可做：

1. 用力拍裂濕紙巾，驚擾他人。這在國內非常嚴重，居然沒有人瞭解這是十分粗魯無禮的。

2. 口含食物，高談闊論。

3. 抓頭搔癢、挖耳摸鼻、化妝擦粉。女性在公眾場所化妝擦粉，往往會被他人視為性工作者。

4. 玩弄、敲打餐具，拿餐巾在指尖上旋轉。

5. 在公用食物盤中挑三撿四，尋找自己喜愛的部分，好像在垃圾桶中尋寶一般。

6. 排隊取菜時不依眾人遵行的方向；另外，像是插隊、跳躍行進均屬不妥。

餐桌禮儀

在國際禮儀當中，無疑地餐桌禮儀佔著極重要的位置，因為這是我們每一個人都有機會遇到的，在與其他人如此近的距離下，個人的動作舉止都會影響其他在場的人，所以無論用餐、取物、坐姿、表情、使用刀叉的方式等，都會鉅細靡遺地映入在座者之眼簾，當然也就成為彼此互相認識，判斷個人生活教育水準的重要時機。一旦養成了良好的餐桌禮儀後，不但會讓個人自信心大增，言談之間也談笑風生顧盼自得，同時適宜的禮儀容易讓人留下良好的印象，對促進人際關係、開擴交友之路也是助益匪淺的。因此有一些基本的餐桌禮儀是不可不知的。

◆ 姿勢

坐姿必須隨時注意。由於餐桌一般座位與座位之間並不寬，所以手肘須向內收，以免妨害兩旁之人，壓縮到他們的用餐空間。上身宜直挺，不可彎腰駝背，無論男女，一直弓著背低頭大吃總

是不雅，看起來好似趴在桌上進食一般；若是能挺直腰桿（可不必如職業軍人那麼直）會給人精神狀態極佳之感覺。下半身則要注意雙腳放置的位置。盡量不要太向前，也不宜分得太開，不但鄰座看了不太好看，同時如果你腳分得太開，上半身會自然下彎，試試看將雙腳向內收，是不是上半身會自然挺直呢？

由入座到離座都須保持一貫的良好姿勢，有些人在剛入座時可能相當正確，但是一兩道菜用下來，可就忘得一乾二淨，又變得彎腰駝背了起來，所以隨時要提醒自己。

◆ 餐巾

入座時，餐巾一般都已折疊整齊的放在座位前，入座之後，進餐開始時可以把餐巾攤開平鋪在雙腿上，其作用是在防止進餐時湯汁、食物不小心掉在身上弄髒了衣物。如果當天的餐食，有些不易處理的食物如龍蝦、烤田螺等，或是湯汁較多的食物，甚或自己殊無把握時，不妨把座椅向前移、盡量靠近餐桌，如此將會發現相當有助益。

有些人會將餐巾塞入領下，以便遮蓋的面積更大，但似乎只有美國人才這樣做，一般多是兒童或是一些動作不方便者的圍餐巾方式。成人在平常這麼做是無所謂，但在正式餐會則顯得突兀了些。暫時離席時可將餐巾放在椅子上，表示座位之主人將返回，服務人員一看就不會清空桌面，如果是用完餐離席時才將餐巾放在桌面上。

餐巾之功能除了防食物掉落外，還可以用來擦手，或嘴上之油污；但是不要用來擦餐具，甚至有些女士用來擦口紅。口紅應該在入坐後，以餐巾紙（非餐巾）先行拭去，以免餐具上唇痕處處，顯得不

太雅觀。

◆ 餐具

不可用餐巾或是紙巾擦拭，否則表示餐具不清潔，服務人員一見可能會趨前來幫你再換一套，要知道把髒的餐具擺上桌，是對客人的污辱，也是餐飲業的大忌。若真的發現餐具有上述情形，或是有裂痕時，可示意服務人員重新換一套新的並無不妥。

◆ 頭髮

時下不但女性可以秀髮飄逸，有些較前衛的男士也有一頭長髮，在平常無妨，但進餐前最好整理妥當，以免不小心頭髮和你一起喝湯、用餐，就讓人倒盡胃口了。

◆ 音量

在進餐時愉快交談是非常好的事情，這也是社交的重要目的，但是不要大聲吼叫、喧嘩，保持適當的談話音量是必須注意的，以免妨害他人進餐的情緒。有些高級餐廳已規定在餐室內不可以使用手機，以免在場的其他客人都必須被迫聽你談論你的私事，若真的要談話，不妨走到其他地方繼續交談。

◆ 補妝

補妝本身並無不妥，但是不可眾目睽睽下為之，這十分失禮，應該去化妝間完成，所以西洋女性上洗手間的文雅說法是：

「Powder room；去洗手間補補妝。」我國女性則有些人似乎不知此項基本的禮儀。

◆ 牙籤

　　飯後用牙籤似乎理所當然，有些人覺得只要剔牙時掩口即可，殊不知無論男女，在公眾場所剔牙亦不妥當，最好還是去洗手間為之較有禮貌。日本人最驚訝的就是國人餐後公開剔牙，有些還口中刁著一根牙籤走路，一付地痞無賴狀還洋洋自得。

◆ 刀叉

　　進餐時，不要狼吞虎嚥，一付餓死鬼狀，既是交際場合，理應以最佳姿態用餐，若有大塊食物也是以刀叉切一塊用一塊較得體，只有兒童才由父母親幫助其切成小塊以便食用；不可手持刀叉在空中指點、比劃；若與人交談時，必須暫停切食物和食的動作，更不可說話時以刀叉指向對方，此點非常粗魯，說話時手中仍可握著刀叉，但應雙手放在餐桌上。此外，口中有食物時避免說話，若此時剛巧有人向你說話，你應以手勢告知口中正有食物，然後表現出盡快將口中食物嚥下的樣子，當然也可以喝點水加速吞嚥。

　　刀叉之擺放位置十分重要，若盤中食物已用完，則可以把刀叉放在盤中表示已用完，服務人員自然會把這一道的餐具收走。

　　至於刀叉在盤中如何擺則各有不同，可以刀叉平行擺，也可以交叉擺，均無不妥，其原則就是刀柄與叉柄必須離開桌面，刀刃宜朝內，叉齒宜朝下。

若是仍然意猶未盡時，則可把刀叉分開置餐盤兩側，叉左刀右，雙柄接觸桌面即可，此時在旁之服務人員自然會知道你想再要一次佳餚（Second serve），這是因為正式餐會所有食物都是放在一大餐盤中一道一道的上，如果覺得喜歡可以要求再多一些的，只要盤中食物仍有多餘的話。當然，如果是自助餐會就沒有這個問題了。進餐時若刀叉不小心掉落地面，此時只需要告知服務人員換一付乾淨的即可；不自行清理掉落的刀叉，更不可以用餐巾擦拭過再繼續使用。

◆ 飲料

喝咖啡、紅茶時，在咖啡紅茶倒入杯中後，再加奶精以及糖等調味比較妥當，喝咖啡或紅茶時也應端起茶碟飲用，飲用時小湯匙放在碟上，不要放在杯中，而用一手持杯一手端碟，如此可以避免彎腰飲用之不雅姿態。

飲酒時應舉杯互祝，除非坐得太遠，否則應碰杯為禮，若數人同時舉杯可以互相交互碰杯再飲酒。據說碰杯由來源自古希臘，他們覺得飲酒時除了欣賞酒之色澤、氣味，味道，獨缺聲音，於是以碰杯方式增加飲酒之樂趣，聽到「鏘」的一聲，更令人感到歡愉，但若是杯子有裂痕則將視不祥，必定令服務人員換杯後再碰杯。

另外，在席間打嗝是非常不禮貌的，若真是無法控制，則可以喝水、屏息方式使症狀減輕，若仍無效，則最好去洗手間打個夠，等廢氣消除後再返回座位。

雞尾酒會之禮儀

雞尾酒會 Cocktail party，又稱為酒會 Reception，為目前世界上社交中頗為風行的一種活動，其目的多是為了慶祝節慶（如國慶、跨年等）展覽開幕、消息發表、公司行號開張等，是一種在時間與花費兩方面均較經濟的聚會方式，時間大多在下午四點至七點之間，有些雞尾酒會之後，緊接著有正式餐會。

其餐飲內容較為簡單，多以小點心，如餅乾、蛋糕、小肉捲、乳酪、魚子醬三明治等小巧、易取又不沾手之食物為主，讓客人可以一手拿著食物和飲料，一面與他人交談。用完之牙籤、餐巾紙可放在盤中，再置於空桌上即可，空酒杯亦如此，自然有人會收走。

飲料方面則有雞尾酒、果汁、啤酒、葡萄酒、烈酒等等，客人可以至飲料處或吧檯自行取用，或是請托盤侍者代你取來。一般雞尾酒多以琴酒 Gin、威士卡 Whiskey、白蘭地 Brandy、伏特加 Vodka、苦艾酒 Vermouth 等為基酒，再配以 Toni、Coke、Ginger juice 以及可食用的色素等調和而成。比較受歡迎有血腥瑪莉 Bloody Mary、馬丁尼 Martini、曼哈頓 Manhattan。

◆ 服裝

酒會服裝多以上班服裝為宜，因為大多數的酒會都在上班時間舉行，所以男士以整套西裝、襯衫、領帶即可，女士則以上班服，如上

衣加上窄裙，或是所謂雞尾酒裝（也就是長褲的套裝）均可，畢竟不是晚宴，所以在其他服飾，彩妝搭配上也不必太刻意強調。

雞尾酒會以社交為主，所以應主動與他人寒喧、交談，增加人際關係，但由於時間一般不長，所以只是禮貌上的交談即可，不宜和某些人一直談個沒完，如此一方面讓他人失去認識其他賓客的機會，一方面也把自己侷限在小框框內，失去了酒會的意義，如你真的想和某人多談一些，可以在酒會後或者日後再敘。

雞尾酒的發源地

美國被公認是雞尾酒的發源地。據說，在西元1795年時，美國紐奧良的藥店老闆發明了一種在酒精飲料中加入蛋黃的混合酒，而當地法裔稱之為 Cocktai，意為蛋酒，但是由於讀音的關係，久而久之就變成英文的 Cocktail 了。

還有一說是：獨立戰爭時，有一家酒館以各種五顏六色的酒品，調製出美觀又芳香的酒，來犒賞打了勝仗的美軍士兵們，眾人對此混合酒皆讚不絕口，以後即把這種混合酒，稱為雞尾酒。

無論傳說如何，雞尾酒之廣受歡迎已是不爭的事實，其清涼爽口，酒精含量又可以控制，所以不論酒量如何均可自由選擇，其鮮豔的色彩以及附屬小巧可愛的裝飾，更是女士們的最愛，所以有人說：雞尾酒不但是用喝的，光是把酒欣賞，也是一件相當愉快的事。

自助餐會之禮儀

　　自助餐會 Buffet，是非常流行的宴會方式，客人可以隨心所欲，依照個人的口味與嗜好挑選美食與飲料，依照個人的食量斟酌菜量，相當方便又不致浪費，主人在費心準備菜色時也比較不用太傷神，生怕顧此失彼，讓參加的賓客心中不舒服。

　　另外，既然名為「自助餐」，服務人員當然也就不必如正式宴會這麼多了，他們只需負責查看餐檯上之食物還有沒有，賓客使用過的餐具適時收走即可，而另外一項好處就是：一般都沒有固定的座位，所以可以讓來賓自由交談，不論在拿飲料，取餐食時都有彼此間互動的機會，充分發揮社交的功能。

　　以下是常見的注意事項：

◆ **座位**

　　進入會場後，先不要急著找尋餐檯，首先找到座位，雖說沒有固定的座位，但是有時仍會為主人及貴賓留下部分座位備用，此時最好別逕自坐下，更不可以把放有「Reserved」的牌子移開，以免造成主人困擾。物品放妥後前往餐檯取餐時，請先

將餐巾打開放在椅子上或椅子扶手上，表示此位已有人坐了。

◆ 取餐

　　先看一下餐檯採單排還是雙排，如果是雙排則一定會有雙排的配套，如雙份餐具，雙排菜餚等，此時可依序排隊取用。習慣上第一次先取用沙拉、熱湯等當做前餐，配以麵包、乳酪等。第二次取主菜如肉類、魚類、海鮮類等，要記住一次拿一種，不要混在同一盤中，不但味道彼此影響，而且看起來也不太好看。最好以其他蔬菜等配菜來搭配使用，這一點由餐廳供應之餐盤有冷餐盤與溫熱餐盤兩種即可區分了；一次不要拿太多，即使是想一次拿足夠與同桌的人分享也是不妥的，如此就失去自助餐的基本意義了，不是嗎？最後再取用甜點、水果等，然後是咖啡、茶等餐後飲料，至於飲料一般都由服務人員拿來，或者在餐檯旁有附設飲料 Bar，可自行前往取用。

◆ 餐具

　　不論是大、小餐碟、湯盤、酒杯等，使用過後可留在自己的餐桌上，以便服務人員收走，每取一道餐則應用一次新的盤子，千萬不要拿著髒兮兮的餐盤去取第二道、第三道餐，如此保證其他排隊的人倒足胃口。

◆ 離坐

　　離坐時必須對其他在坐的人說：「Excuse me. 對不起！」然後

起身把餐巾放在椅子上（注意不是桌子上，以免被誤認是已用完離席了）再去取用餐點。

◆ 取餐

依序取餐外，在取餐時盡量避免把食物掉在餐檯上，湯汁灑在湯鍋外；湯杓用完不要放在湯中，以免下一個人用時會燙手；明蝦、生蠔等請酌量取用，幫後面排隊的人設想一下，若食物即將用罄時可告知服務人員補充；如遇兒童、婦女掀蓋不易時，不妨適時出手協助。

◆ 用餐

同桌用餐者並不一定相識，此時不妨主動自我介紹以示友善，談話也以輕鬆、幽默之話題為妥，在輕鬆的氣氛下多開擴自己的人際關係，用餐的速度雖然沒有規定，但最好與同桌其他人的差距不要太大才是。

飲酒之禮儀

我國國民一向以豪飲自豪，自古以來無論是騷人墨客、儒臣武將，甚至販夫走卒，人人均以善飲留名為榮，若能得個「千杯不醉」之美名則更是為之躊躇滿志，喜不自勝，似乎已把豪飲與大丈夫氣概約略劃上了等號。但是西洋的飲酒文化，與我們卻是迥然不同、大異其趣。

西方世界視飲酒為品酒，類似我國的品茗。不但講究飲酒的器皿，即酒杯、酒壺，就連飲酒的場合、氣氛也十分重視，當然有關飲酒的禮儀更是多了。

由觀酒、嚐酒、醒酒、聞酒，甚至還有聽酒之說（香檳酒）。至於酒莊的典故，那一年份的什麼品種酒，更是一門大學問了。什麼種類的酒宜配何種菜餚、何種乳酪以及其他配料，都有一套見解。以一般人對西洋食物的認知，若想要徹底瞭解這套飲酒之禮儀，可以說是非常非常艱難的。以下是一些飲酒文化基本的注意事項。

◆ **酒杯的種類與功能**

幾乎每一種酒都有適合的酒杯，常常可以見到的如啤酒杯、香檳酒杯、葡萄酒杯、白蘭杯、威士忌杯、甜酒酒杯、雞尾酒杯等等，不一而足。如果用錯酒杯則必定令人吃驚，會被認為連最基本的飲酒禮儀都不懂，相當低俗，這情形正好像看見有人拿洗手間的衛生紙，擺在餐桌上當餐巾紙一樣的粗俗。

不但酒杯的形狀各異，材質不同，連拿酒杯的方式也不一樣，譬如說拿白蘭地時要用手掌握住杯子的下半部，以利用手掌的溫度讓白蘭地酒香揮發出來，增加酒的甜美。而握紅葡萄酒杯時則只可用手指輕輕握住杯柄部分，然後輕輕晃動杯中之酒，以利酒與空氣充分接觸，達到醒酒的目的。但若是手掌接觸到酒杯，則其溫度反而會影響葡萄酒之風味了。

紅葡萄酒如此，白葡萄酒則又另當別論了。這是因為白葡萄酒

在飲用前，必須冷藏至某一溫度，才是味道絕佳之時，為了保持佳釀，整瓶酒都必須放於有碎冰塊的冰桶之中，瓶外再加上白色餐巾之避免冰塊融化時會弄濕手，當然倒入杯中之酒不宜久置，因為溫度會漸漸影響酒之風味。

◆ 如何點酒

到正式的餐廳，一定會有兩張 Menu，其實第一張是菜單 Menu，第二張則是酒單 Wine list。點完主菜之後侍者會將酒單送上，此時可以根據自己的喜好點飲料，如啤酒、可樂、果汁等，但這些只是幫助下嚥的飲料而已。

稍為正式一點的場合多會有佐餐酒，也就是葡萄酒，侍者多經驗豐富，通常酒品關係著他們的收入，因為飲料、酒類的利潤是他們額外收入的一部分（另外一部分則是小費）所以他們都會把酒單拿給客人。如果你正巧是主角，而剛好又不太會點酒，不用緊張，面對酒單欣賞欣賞，然後轉頭看看侍者，問道：「你有什麼建議呢？（What do you suggest?）」這些經驗豐富的服務人員只要看你主菜點的是多少金額的菜，心中就已經有譜了，他自然會推薦一些風味與價格均相當合宜的酒給你，相信他，他是不會害你的。

◆ 如何品酒

侍者於酒窖中取出葡萄酒後，一定會拿到餐桌旁，雙手奉上，請主角當面檢查是否正確，什麼東西正確呢？係酒名、酒莊、年份等。檢查完畢立即當場開酒，開瓶後會先倒約1/5酒杯左右的酒在主角面

前，意在請你嚐嚐看味道對不對？此時須依下列步驟做方才正確：→拿起酒杯對著燈光或窗外光亮處，看看杯中物是否色澤清澈亮麗，若是有沈澱物或顏色混濁則八成已壞掉了。→用鼻子就著杯口深呼吸幾下，聞聞看是不是有酒香傳出，還是傳來異味。→一飲而盡，但不要喝下去，留酒在口腔中，體會它，感覺它，葡萄酒的甘甜香美就在此刻了。→吞酒入腸，然後滿足地點點頭說聲：「Good!」也完成品酒的儀式，此時侍者會為在座的每個人斟上美酒，而主角總是最後一個才輪到的。

◆ 敬酒

西洋人飲酒時也常敬酒，不過只敬不乾，也不興拼酒、鬥酒那一套，與我國的飲酒方式差異相當大。敬酒時必須由自己身旁之人開始，而且一樣是女士優先，先從女士，然後由近而遠逐一敬酒，直至敬完全桌的每一個人為止。喝酒時只以唇碰酒杯，然後飲下少量的酒即可，不必大口大口的喝，女士或有其他原因不飲酒的人，可以以飲料代替酒，不算失禮。而女士，除了女主人外，是不可以主動敬人酒的，否則會給他人輕佻之感。

◆ 舉杯同祝

這種場面在電視、電影上常常可見，總是會有一人在人聲嘈雜的宴會中，以小湯匙輕輕敲打酒杯，聽到這種噹～噹～噹～的聲音時，表示有人要發言了，所有人均會安靜下來。此時這位仁兄可能會說，為了感謝主人的邀約，讓我們大家一起舉杯祝福主人

全家健康等等，或是恭喜某人即將訂婚，或是誰才剛剛成為人父，當然也可以聽見祝福女王、祝福國王等等官式的祝賀語。

　　與人敬酒時，若距離在可以達到者，多以酒杯互碰，發出鏘之聲音方為得體，若距離較遠則可以點頭、舉杯方式敬酒；但是不可以隔桌敬酒，甚至如我國酒宴時大聲喧嘩、划酒拳均是非常不妥的，唯一可以大聲唱歌喧鬧的場所是在啤酒屋，或是 Pub 及 Bar 內。

◆ 酌量

　　依個人之酒量適度飲酒可以助興，增加歡樂的氣氛，但注意不要飲酒過量以免失態，另外也不可強人飲酒，否則亦可能引起對方之不悅，失去了社交的意義。一般國外對飲酒過量均有罰則，除了許多飲酒場所多有附設之酒精測量器，以一根吸管插入測量器中，然後深呼吸緩緩吹氣，立即可以得知自己體內的酒精含量，看看是否仍能繼續飲酒，能否開車等。

　　如果有飲酒過量的症狀出現，一般店員可以拒絕再賣酒給酒客，否則有觸法之可能，像國內常可見到酩酊大醉的情形是十分罕見。如果是酒後駕車處罰極為嚴厲，員警一般都會以現行犯的罪名處理，當場扣車、上手銬，帶回警局拘留，直到第二天酒醒後有人來做保為止，而該人之駕照極可能被停照一年半載的，如果再犯的話，就有可能終生吊照了。酒醉駕車被逮捕者不但被重罰，而且在家人親友以及公司中將為人所鄙視，畢竟，這是一件極不光彩之事。

Pub & Bar 之禮儀

西方人不只在正式餐會飲酒，在自己家中進餐也要飲酒，中午酌、夜晚飲，人數多寡亦不拘，有些地區甚至早餐的餐桌上也放有香檳酒，算是早餐酒吧！在工作之餘三五好友互相邀約，或是獨自一人亦可，前往 Pub 之內小坐片刻，一杯在手，煩惱暫時拋棄腦後。相識與否均無妨，舉杯邀飲，閒話家事、國事、天下事，也是一大樂事。

◆ 點酒

Pub 內多販賣比較流行的酒類以及飲料，有威士忌、白蘭地、啤酒、伏特加；而 Bar 內則有比較多的調酒，也就是雞尾酒類，一般人都有自己的嗜好及習慣性的酒，酒保也大致都知曉。年齡太輕者不得購買酒類，因為這是法律規定的；而每個國家規定的最低年齡也不太相同，大致上最小也得十八歲以上才算合法，酒保若懷疑你的年紀，是可以請你出示證件的。

◆ 小費

酒保的小費多來自客人付酒錢時不找零的零頭，而這些額外的收入也並非酒保一人獨享，必須和其他工作人員如端盤者、廚房工作者共同分享，所以在喝酒付費時務必多付一些當作小費，否

則酒保的臉色將會相當不自然。

◆ 交談

　　由於在酒吧內的客人彼此不見得認識，所以一有機會大家都會自由交談，此時電視機播出的新聞以及球賽等，自然而然的就變成最普遍的話題了。而在英國、美加等地的酒吧，更是分得很清楚，不同行業、不同社會地位、不同黨派、不同嗜好者，常去的酒吧亦不同，否則進得門後，別人說的事都是你不感興趣，或是你的看法別人都表示不贊同的話，飲酒不是相當沒趣嗎？

　　像我們東方人來到酒吧是相當受注目與受歡迎的，只要有人一開了頭，知道你是台灣來的，保證沒一會兒，就有不少人拿了酒杯圍了過來，一起參加龍門陣，沒來參加的也會豎耳傾聽，對他們來說是多麼新鮮的話題啊！從台灣的經濟奇蹟（似乎這總是起頭的話題）談到九二一大地震，中間當然會穿插一些 Made in Taiwan 之類的笑話等，這時，會強烈的意識到，自己就代表台灣在發言，你就是台灣。

◆ 敬酒

　　在酒吧內大家可說是「相逢自是有緣」，不分彼此，所以敬酒也是不斷的，此時由於非正式場合，所以最多只是 Cheers！（敬你！）而已，酒杯相碰也並非必要，只要一個互換的眼神，稍為點一點頭示意一下也就夠了，在某些國家流行一人請一輪，譬如說五、六個人一起飲酒，第一輪酒由其中的一個付帳，待下一輪時則自然會有第二人出面付帳，及至喝得過癮欲罷不能時，則可能再換一家酒吧繼續喝，當

然此時買單的又另有其人了。遇到酒客中的某人有值得慶賀之事，如生日、升遷、得子等，就會主動宣布請在場的每人再續一杯酒，以茲普天同慶，而被請的人，也會趨前舉杯祝賀，其樂也融融。

◆ On the house

有時客人已喝了不少酒，花了不少銀子，或是酒吧請老客人喝免費酒，名為On the house，意為本店請客，但也以一杯為限。有時是為了給客人驚喜，因此會突然宣布，所有在場者均可免費再飲一杯，當然是皆大歡喜了。

◆ Last call

酒吧快要打佯時，酒保會宣布：「Last call！」也就是最後一杯了，再不點就不能再點了，這也算是預先下逐客令，還沒喝完的人也會識相的加速飲盡杯中的酒，方便酒保收拾打掃。

◆ 禁忌

除了兒童不宜前往外，女士單獨一人也不宜前去，很少看見獨坐的婦女在飲酒的，如此多會給其他人不當的聯想，而兩人以上則就無妨了。男士一人獨往時多坐在吧檯，一方面可以與酒保閒聊，一方面也不會一人佔了許多座位。要特別留意的是，有些酒吧是同性戀專屬的，所以不可以帶異性入內，例如說一對情侶闖進一家男同志酒吧內，保證會吸引全場同志的目光，讓他們坐立

難安，更別説開懷暢飲了。

◆ **服裝**

酒吧服裝可因酒吧的等級不同而相異，如在五星級觀光大飯店內

李鴻章的餐桌趣事

1895年甲午中日戰爭後，李鴻章代表清政府和日本簽訂了喪權辱國的《馬關條約》，遭到了全國人民的強烈批判和反對，致使李鴻章從他仕途的頂峰上跌落谷底，直隸總督、北洋大臣的寶座——失去，失意閒居在北京東安門外的賢良寺內。

時滿清政府以為列強凌我之處不過是「船堅砲利」而已，因此一面送優秀學子出洋學習，期「師夷狄之長以制夷」；一方面派遣李鴻章等親信大臣出國採購西洋之「利砲堅船」，冀望至少與洋人再次對仗時能打個平手，不致慘敗。出國採購讓李宰相鬧了不少笑話，如「捧痰盂僕人隨侍在側」「敢叫滿朝喝洗指水」等至今仍為人茶餘飯後傳笑。

慈禧太后念李鴻章過去的功勞，為防止中國被西方列強所瓜分，1896年2月，決定讓閒來無事的李鴻章出訪歐美，於是李鴻章在晚年進行了一次環球訪問。1896年3月18日，李鴻章在俄國駐華公使的安排下，在俄、德、法、英、美等五國駐華使館人員的陪同下、乘坐法國郵輪從上海出發，開始了他的環球訪問。

經過一個多月的航行，於4月27日到達俄國港口城市奧德薩，然後再乘車先去彼得堡。記得高爾基的長篇小說《克里薩木金的一生》，其中描寫了李鴻章到俄國後，在彼得堡參觀博覽會時的一個小鏡頭。這位前宰相居然「呸」的一聲，在大庭廣眾間，在前護後擁中，隨地吐出了一口痰。

6月13日乘火車前往德國進行訪問。6月14日他到達柏林，隨即前往皇宮晉見了德皇威廉二世，對德國干涉還遼和軍事方面對中國的幫助表示了謝意。次日，應德皇之邀，參觀了德國軍隊。在德國期間，李鴻章兩次同德國外交大臣馬沙爾進行政治會談，還拜會了德國前首相俾斯麥。

依據國際慣例，德國前首相俾斯麥接待中國前宰相自是相當合宜的。當時德國

的酒吧或是極其著名的酒吧內就必須穿著得體一點；在鄉村、小鎮上的酒吧自然可以隨意一些；海灘邊、露營區則更是隨君所欲了，短褲、露背裝，甚至比基尼都是合宜的。

為了拉攏這位「軍事採購團團長」，安排李鴻章乘火車前往德國，下榻於柏林豪華的凱撒大飯店。德國方面款待殷勤，甚至連李鴻章常吸之雪茄煙，常聽之畫眉鳥，也準備妥當。雪茄置於桌、畫眉懸於籠，寢室牆壁上，高懸照片鏡框，左邊是李鴻章，右邊是德國前首相俾斯麥。

據說，6月13日，俾斯麥招待李鴻章到宮中參加國宴。當天之餐點極為豐富，其中一道是烤乳鴿，李宰相相當欣賞，一隻接一隻就大嚼起來。根據西俗，一般用完生蠔、龍蝦等較為油膩的食物後，多會端上洗指碗以便洗手指。待洗指碗一上桌，李宰相正是口乾舌燥之際，毫不考慮端起一碗清水一飲而盡。坐在他對面的老狐狸俾斯麥一看此景，稍一轉念，也端起面前洗指碗一飲而盡。此時作陪的文武百官面面相覷，不知如何是好，俾斯麥一使眼神，眾官員也只好閉著眼一同端起面前洗指碗一飲而盡。俾斯麥何等聰明，如果李宰相稍後發現他喝的是洗指水豈不尷尬難堪？如此餐會之氣氛將大打折扣，軍購之事也可能會受影響，因此只有硬著頭皮陪同李宰相享用洗指碗中的清水，據說，能叫德國滿朝文武喝洗指水的只有中國李鴻章一人。

李鴻章後來訪問英倫，也有許多事情流傳下來。西俗在餐桌上吃烤雞，原來是不允許用手抓來吃的，先用叉按住，再用刀一小塊一小塊切割下來，但在光滑的餐盤上，肢解這隻滾來滑去的烤雞，是一種高難度的動作，李鴻章不理洋人這一套，毫不客氣地就用手抓起撕來吃。在座的人各個面露愕然之色，不知所措。一是出於禮貌，一是出於對貴客的尊敬，大家也就仿效李鴻章先生吃雞的方式。據說，此例一開，從此英國人在餐桌上吃雞的時候，可以直接動手而不必使用刀叉，並且美其名為「宰相吃法」。

決勝商場第二式 · 特殊商業場合

Part

隨著全球貿易活動如火如荼的展開,

各式各樣的商業場合因應而生。

也因此,配合著各種商業活動進行,

所需注意的商業禮儀,

是每位公司員工推銷公司或產品,

致勝的不二法門,

身為公司優秀員工,你不可不知!

第六章
展覽會禮儀

近年來全球貿易急遽加速，國與國之間的商貿互動也大幅提高，這也就是國際貿易活動蓬勃發展的現況，隨著貿易互動的大幅增加，對貿易有重大助益的展覽會也在全球各地紛紛舉辦，而由於展覽會的大量舉辦，因此幾乎可以說是人人均得參加展覽會，因此有一些在展會上的相關禮儀我們是必須知道的。

首先先來談參展公司的員工禮儀，一個有制度的公司如果決定參加某一個展覽後，到展覽真正開始的這一段期間不知要開多少次會，修正多少內容，由攤位位置、攤位裝潢、展示品之選擇、運送、報關、參展人員挑選訓練、文宣印製、客戶邀約、舉行坐談會、產品發

表會等等，可說是事項繁多。其中涉及專業的部分，各參展公司自會有所取捨抉擇，我們討論的是一通則——員工之應有禮儀。

　　能夠被公司選派出來參加公司極其重要的展會人選，理應是相當優秀的人員，公司希望藉由員工之努力介紹、說明、推銷，進而增加新的客戶，擴大公司之營業績效，所以一般在人選方面自然是精心篩選，選出之人必定也須先經過相當程度之訓練，務必確定其對公司產品之徹底瞭解，在向客戶解說及回答問題不至於發生錯誤，影響公司之形象。但是專業儘管重要，參展人員在展會內更是公司代表，其言行舉止也一樣重要，以下就是員工必須注意的事項。

服裝儀容

　　每天參展人員在前往會場前，必須仔細檢查自己的服裝儀容，服裝是否清潔、平整，鈕釦是否完好，拉鍊是否正常，其他如男性之髮型、鬍鬚之刮剃；女性之髮型、化妝、服裝等是否妥當，如果展會後有餐會或酒會時是否已攜帶備用服飾更換。（歐美國家一般女性在「會後會」均避免穿著與白天展會相同之服裝）無論男性女性，務必使自己看起來精神奕奕，朝氣蓬勃，給人一見就有好印象。

儀態

參展之公司代表，其主要工作就是能在人潮中發掘出潛在客戶，為公司之營利提供貢獻，根據調查，百分之七十的參展買主都是前往展會希望能夠發現新型的、自己需要的產品，而其中大多數並不一定會和那些公司簽約，因此在參觀時接待解說人員之表現，自然是十分重要的了。

一個好的接待人員，除了本身服裝、儀容基本要求外，面對客戶時之目光接觸方式、手勢、身體語言、個人空間，以及話題切入方式、談話技巧和專業知識等，無一不是給客戶信心以及良好印象之重要因素。如何能在自然、親切的對話間，瞭解客戶真正的需要，從而推薦公司的產品，的確是一門學問，許多公司參展時只注意硬體、軟體之品質，而忽略了展示人員之訓練，是相當可惜的。

名牌與名片

參展人員一律須將名牌依規定配掛，名牌應該清楚掛出，不可放入口袋中或是藏在外衣裡面，更不可以故意掛反，當然也不可以借用他人名牌，尤其是在與客戶做介紹時，否則對方一定會有疑慮產生。

　　名片此時叫做 Business Card ，也就是商務名片。商務名片只是個人基本聯絡資料的卡片，因此無需華麗與刻意精心設計，但是其數量一定必須足夠，否則即為嚴重失禮。此與社交場合是不一樣的。至於交換名片的方式，則是東、西方相當不同，西方人是用一隻手的大姆指與食指拿住名片遞給對方，或是放在桌子上的；東方人，尤其是日本人，多是兩手恭敬地將自己的名片奉上，接受他人名片時也是一樣。

迎客

　　有經驗的參展人員都知道，當有參觀者對你展出之產品表現出興趣時，不必急著向其解說產品，應該待其稍微自由看一看，再伺機稍做說明，待對方表現出進一步興趣時，再詳細解說，否則訪客一上門就口若懸河說個不停，是很容易把人嚇跑的。當然如果對方有意願多瞭解時，邀坐、奉茶（咖啡）是不可少的，自然交換名片之後的產品簡介，以及公司小贈品亦是不可忽略的。

展覽期間

　　原則上最好在展會開始前三十分鐘抵達，以便展會前之布置、整理工作，在展會的首日尤其更應提早，以免臨時缺東缺西，亂了手腳。一般多由攤位主管負責安排調度，但無論在任何情況下，攤位不可大唱空城計。參展人員絕對避免擅自離開工作崗位、閒坐聊天、看報喝茶、與隔壁攤位人員聊天、打情罵俏、舉止輕浮、吃零食等不應有之行為。展會完畢也必須把所有東西歸位，重要物品上鎖或攜回飯店保管，工作日誌務必確實填寫，客戶名片收妥，次日所需物品確定且列清單後，方才可以離開，但是也不宜太晚，以免影響大會工作人

員清場工作。

餐飲

　　原則上即便是工作人員也應前往大會指定之地點用餐，如果情況不允許，至少也應在客戶看不見之場所，如儲藏室等地方用餐才是。千萬不可一面用餐一面招呼前來參觀之觀眾。

　　有一年我曾經率領一個由公家機關與民間企業合組之電訊業代表前往新加坡參展，民間企業之員工多兢兢業業十分盡責地參展，但是公營機構之員工一到中午十二點，就大方拿出公家發的便當在攤位內，客戶洽談桌上用起餐來。這還不打緊，更要命的是，餐後竟然把給客戶坐的沙發併起來供午休之用，我驚訝之餘上前詢問，對方竟回答：「我在國內辦公室每天均如此啊！上面又沒發中午加班費給我，我當然該休息就休息啊！」

小禮物

　　小禮物是公司用來給一些潛在客戶紀念用的，員工萬不可以私自取用而假裝已分發完畢。另外有一些參觀者是衝著小禮物而

來，此時職員應該以經驗來判斷，如果是，則設法技巧打發其離去。否則參展時，光只是應付來要小禮物之人潮就應接不暇，當然如果公司是要以贈送小禮物來製造人潮的效果時，又另當別論了。

展覽品銷售

在正式及有規模的大型展會，一般都是不准參展公司在會場內有交易行為的，因為此類展會規定只能展示公司之產品樣本，僅供向客戶說明及展示用的，客戶如果有興趣，可以現場下單訂購，或展後再聯繫，但是不可以把展示品當成商品以零售方式處理。

有些展會規定可以在展會後將展出品以特價方式出售，尤其是一些體積較大或較重之物件，不過一定要合法處理，切忌為了貪一些小便宜而觸法，許多國家對於外國廠商之逃漏稅罰責是相當嚴重的。

跑單幫

　　有些參展人員趁出國之便，會帶一些國內之物品，伺機在會場出售謀利，這種情形以落後地區較為嚴重，曾經有人在電子展會場兜售蝴蝶標本、木雕等，這種行為是會嚴重影響公司形象的，如果被主辦單位查獲，其影響就更大了。

展會結束

　　主辦單位規定有展會布置時間，每日進場、退場時間，以及最後一天的清理時間，參展人員必須遵守規定才是。每天展覽期間一定是比參觀者早到、晚退，否則參觀者看見攤位上公司的名稱或是參展手冊之介紹前來參觀時，發現攤位空蕩蕩，心中一定會猜疑公司是否發生了什麼問題？有些參展公司在最後一天為了趕飛機，或是發現人潮沒有預期中的多，就提早收攤返國去了，只留下一個空的攤位，以及攤位上標示的公司名稱，這也是相當不好的負面做法，應避免。

第七章
記者招待會禮儀

有經驗的企業都曉得善加利用媒體，可以達到令人驚喜的成效，可以在最短的時間內使公司的知名度、產品、企業形象均大幅提昇，所以在新產品問世、新合約簽訂、新合作夥伴結盟，或是公司有一些重大訊息要發布時，會舉行各式企業會或記者招待會。廣邀報紙、雜誌等平面媒體，以及廣播電台、電視台、入口網站的媒體人員參加，以迅速、擴大宣傳的效果。當然，企業也十分清楚，如果記者

會的內容沒有新聞性，或是太過廣告化的話，媒體是不太可能照單全收的，就算記者交稿給編輯，也有可能被刷掉的。所以聰明的公司、企業公關人員都會將新聞稿的內容設法與時事、其他新聞、政府政策連在一起，以增加記者會內容曝光的可能，以下是記者招待會應注意的事項。

邀約媒體

在公司、企業確定召開記者招待會後，由相關人員擬定其預定之規模、決定地點之大小、位置、設備、器材，以及最重要的事宜——邀請那些媒體。

要決定邀請那些媒體，首先要明確知道記者會的內容才決定邀請對象，如科技公司新產品發表，就一定會邀請工商線上記者，或是財經記者（如果是上市公司），以及相關雜誌或是相關電台、電視台之專業記者前來；絕不可能去邀請一些綜藝、音樂、藝文方面的記者，反之亦然。所以確定發布內容後，針對擬邀媒體發出邀請函是首要之工作。因此，如果手上能有一份正確而且類別明確的媒體名單，便是十分重要的了。所以相關人員平日與媒體保持持續與良好之互動是絕對必須的！

原則上邀請函最少必須在一周之前寄達媒體手中，如果是大型記者會則必須更加提早通知，以利媒體主管安排前來採訪之人

員，而前來採訪之記者也比較方便安排自己的時間與路線。

除了與媒體的良好關係，邀請函之內容也十分重要的，因為媒體多會由其內容判定重要性，而決定是否派人前往採訪或派遣人員之人選。所以如前所述，邀請函之內容，除了必須明確的列出日期、時間、流程、邀請貴賓名單等外，最重要的就是記者會之目的。這就必須由企畫人員費心撰稿，在簡短的內容裡面吸引媒體產生興趣而前來與會。當然在邀請函上也需註明是否有酒會、餐會一併舉行，停車證及停車指引等。

電話確定

在邀請函寄出後，預估媒體已收到時，必須以電話再確定對方確實已收到邀請函並已知道記者會之事，順利的話也可以請問該媒體會派何人前來，並設法取得採訪人員之個人資料，如手機、電子信箱等。在記者會的前一天，再以電話直接與可能前來之採訪人員聯絡，一方面提醒一方面事先致謝。

在記者會開始報到後，會議開始前若仍未見採訪人員，可再次以電話聯絡，如此除非該採訪人員真有突發要事，一般只是晚點抵達，總是會到場的。

事前準備

　　記者會事前準備之工作為地點之確定，所需器材、新聞稿、文具用品、桌椅擺設、會場布置等分述於後。

◆ 地點

　　視可能出席人數而決定場地大小，會場太大而來賓太小則顯得冷清且有浪費之實（如果是租用場地）。另外，地點之交通方便性、停車方便性、內部設施是否完善，如照明、音響、動線、空調、電源及網路（供記者直接發稿用）等，均是記者會是否成功的重要事項，事前一定要到現場檢查、試用，必與場地實地負責人討論研究，以確定在當天不會發生任何的狀況。

◆ 會場座位及布置

必須確定主席、貴賓席、司儀、文字記者、攝影記者、電視記者、採訪麥克風、電台錄音機相關位置與足夠空間、座位間之空間、進出場之動線，以及預備座位等。有些記者會上常有慶祝簽約或結盟，而有開香檳或葡萄酒等的儀式，則酒瓶酒杯等擺設之位置也應一併考慮。其他如會場指示牌、座位牌、鮮花、胸花及其他裝飾品等也須事先備妥。

◆ 所需器材

在記者會當天，有可能用到的器材，如投影機、音響、電視機、錄放影機、白板、白板筆、雷射筆、麥克風（主講者、司儀、發問者用，必須足夠）、螢幕以及展示品、筆記型電腦、延長線等應事前檢查完成，並在開會前一小時安裝完成並測試 OK。

流程

　　一般記者會時間十分緊湊，所以在流程安排時就必須盡可能縮短所有節目的時間，如主持人致詞、貴賓致詞等，均設法能簡短就簡短，能以三分鐘完成的致詞就不要拖到五分鐘，因為要把時間留給當天的主角，也就是記者會的主要目的，不論是簽約、結盟，還是產品發表。流程一旦確定後，在當天必須確實實施，就怕前拖後拉，這方面在事前之討論與當場之掌控就格外的重要。如果沒有發生任何意外的事件，就一定要照流程走，所以與演講人說明應演講之時間與當場時間之控制是必須的。

意外的防止

　　意外狀況可以導致記者會的延遲、秩序的混亂，甚至記者會之失敗，以下是應該注意的事項。

◆ 器材之備份

　　如以電腦、投影機之展示說明，除了必須確定其品質之穩定優良外，最好再準備一套同樣品質的備用器材，以免臨時發生故

障，無法操控。

◆ 電源及線路

記者會當天會使用較大的電力，如冷氣需全開、音響、燈光、錄影器材等有些耗電量亦大，所以必須與場地負責人確定無慮，以免臨時跳電。另外，網路線的暢通也須確定，以免臨時無法上網產生尷尬的狀況。

◆ 人員安全管制

避免不相干之人士入場或是發問，而影響記者會之品質，如果發現奇怪人士在場，應立即加以詢問，必要時可以立即請其出場，以免發生失竊或是鬧場之事情。

發問時間

　　在記者會主要議題目完成後，多會安排記者媒體發問，此時必須注意的是，不可以大小眼，只請知名度較高或規模較大之記者發問而不太理會小型媒體之記者，必須公平的一視同仁。

此外，為了避免發問時間無人發問之尷尬，可以事先與比較熟悉的媒體聯絡，請其在記者會時幫忙帶頭發問，有些公司企業甚至會幫記者設計問題，以便在一問一答中達到宣傳、報導之目的，是所謂的「套招」。

新聞稿用品

　　這是發放給所有前來採訪人員每人一份的，如果有媒體真的不克前來，也可以會後再迅速交付以利發稿。其內有文字新聞稿、電子新聞稿（磁碟片）、原子筆、便條紙、流程單、公司簡介、禮物對換單……等。

小禮物

　　很多公司企業為了吸引記者前來，並留下良好印象，多會準備小禮物在記者會會後發給媒體，雖說是小禮物，但是有時價值並不小。由公司小贈品到精美純皮筆記本、名片匣、對筆、其他精美飾品等，當然如果是用休閒產業也可能發免費住宿券或是餐券等。不過原則上是不會發現金、禮券等禮物，以免予人賄賂之嫌，也不會給一些男士或女士專用的物品，如領帶、絲巾等，當然更不會有人糊塗到送一些體積過大的贈品，以免記者會後還須抱小禮物回公司交稿。

專訪

　　有時會藉記者會之便，再邀請記者專訪公司之主要相關人物，或是與記者會相關之專家學者，以利由另一角度達到增加公司正面形象之目的。專訪一般只有一家媒體負責，這時在選擇媒體時就必須格外費心了，一定要力求避免得罪其他媒體為原則，當然性質不同之媒體也可以做不同角度切入之報導，只要主題略為修正，是不會彼此衝突的，如報紙、雜誌、電台、電視台等等。

事後追蹤

　　記者會開始前，相關人員必須確定所有媒體手上都有一份完整之資料。在記者會結束後也必須與記者逐一談話，以確定他們的資料完整，並且沒有任何疑問，當然拜託幫忙發稿也在此時了。

　　記者在發稿後一般多會主動告訴主辦單位稿子已送上去了，大概會在那一天公諸於世，相關人員必須列入記錄以便追蹤。如果當天確實出現，則一定要再度加以致謝；如果並無出現，則可能是因為稿擠，或是其他原因，也應該以電話關心，以圖有補救之機會。

第八章
簽約禮儀

在商業來往中，合約的簽訂為一極其重要的事件，因為簽約象徵雙方（或多方）之合作關係已進入實際階段，從簽約起雙方（或多方）彼此之盈虧、商譽均合為一體互相影響了，所以一般來説，簽約是非常慎重的大事。

事實上，在簽約以前，各方代表及相關人員早已對對方之公司情況、信譽、產品之品質、產量以及相關情況徹底瞭解，可以説是極耗費人力、物力及相當多時間的研究與瞭解。當然，對於雙方要簽訂合約之內容早已推敲斟酌過，簽約只是一種形式，正如男女雙方交往多年，最後走進結婚禮堂一樣的自然，可是也絕不能因為雙方早已達成

共識就忽略簽約之禮儀與細節。要知道,也有不少公司在簽約時臨時覺得不妥或是不公平,反悔而拒簽約,至少也會影響日後雙方再度合作或進一步依存。

合約內文及格式

在商務合約中,原則上多遵循國際慣例。

◆ 合約內文可採條列式或是表列式

也有合約是條列與表列並用的,但其內容文字之敘述應力求明確,避免模糊、曖昧之詞,數字以及日期必須精確以免日後衍生糾紛。

◆ 合約原則一式兩份

多家公司簽約則應各執一份,合約上有所有簽約公司及簽約人之名稱。也有公司要求多簽一份以當他用的,如果有此情形,基於公平原則就必須一式四份了。

◆ 文字應以雙方之文字並列為原則

如中德、中英文並列等,其翻譯之工作必須由有國際認證的翻譯社為之,以昭公信。當然也可以在雙方同意下,以國際通用的英文來當作合約文字的。

簽約地點之布置

　　簽約地點一般多在地主公司之會議室舉行，或是在大飯店租用一間會議室亦可。室內必須擺設簽約桌椅，正式簽約多採用長方形桌，上鋪深色桌巾，其後置坐椅兩張以供簽約代表簽字時使用。

　　至於是否增加坐椅以供雙方觀禮者及媒體使用，則必須視簽約之重要性，以及簽約儀式時間之長短而決定。室內布置力求簡單大方，不宜過度裝飾，一般僅需麥克風、盆花、背景之簽約布幔上書AAA與BBB公司簽約典禮……等即足夠。

簽約用品

　　至於簽約用品方面則有以下諸項：

◆ 簽約筆

　　原則上使用高級鋼筆，一方面表示慎重，一方面依國際慣例，在簽約完成後雙方多會有互換簽約筆之慣例，以供雙方留作紀念及展示之用，因此最好使用精美且高品質的鋼筆，從來沒有人用廉價原子筆簽約的。

◆ 吸墨板

在國內較少見到，因為簽完字後會雙方交換合約，因此在雙方代表簽完字後，在旁之助理人員會立刻用吸墨板將鋼筆字跡水分吸乾，以免合上合約時字跡因而模糊失效。

◆ 合約外殼

一般多用精美真皮外殼，內附合約之內文，一樣一式兩套，一模一樣。

◆ 香檳

待簽約完成後，依慣例多會開香檳慶祝，所以香檳酒、酒桶、碎冰、香檳杯應事先備妥。

◆ 小禮物

可準備雙方公司有象徵性之小禮物，贈予與會嘉賓以茲紀念與答謝。

簽約流程

◆ 雙方人員進入簽約儀式廳

　　司儀請雙方演講者就位準備事前之演講，其內容多為讚揚對方公司以及己方之榮幸能產生合作關係，共創佳績並期待日後更進一步合作等等。

◆ 雙方簽約代表就位

　　依慣例以右為尊，故客戶方應坐在右手位置。

◆ 宣讀合約內容

　　這一項儀式可以省略或者僅宣讀重點內容即可，當然若牽涉商業機密，如金額、數量等當然更可以省略。

◆ 雙方簽約

　　在指定位置簽下名字，助理立即用吸墨板吸乾墨漬。

◆ 交換合約

　　雙方由助理交換合約後，由代表再次簽字，助理再用吸墨板吸乾墨漬。

◆ 再度交換合約

　　雙方代表此時再度交換合約，並互換簽字鋼筆以茲紀念，再互相握手致意。

◆ 雙方代表合影留念

　　雙方代表合影留念後，所有與會人員舉杯慶祝禮成。

其他注意事項

　　如屬多方代表簽約儀式，則可只安排一張桌椅，桌上擺應簽之所有合約，如三家公司就有三份，五家公司則準備五份。然後由各公司代表輪流上前在各合約上簽名。

　　簽約桌一般是面對入口處擺放。至於國旗，若為兩國簽約，以地主國為主置於桌右；多國簽約則地主國置右首，其餘國家則可依字母順序依序由右至左排列。也有民間企業不用國旗而使用自己公司旗為標示的。

　　簽約時之服裝應著正式商務禮服為原則，即深色整套之西服；如果有制服，簽約代表著公司制服亦可，其他與會人員也應著正式服裝以示重視。

第九章
剪綵禮儀

每當公司行號或是機關團體有一些特別重大之喜事時,多會有剪綵儀式之安排,例如商店開張、公路通車、公園啟用、大廈完成以及其他代表新場所正式開始發揮其功能時,若有剪綵儀式則多有下列注意事項。

布置

　　應有橫幅布條上書明剪綵典禮之內容為何，讓人一目瞭然；其次應有麥克風以便致詞時使用。當然由於剪綵是屬於喜慶之事，因此一般如汽球、花籃、彩帶、茶點、背景音樂均是必備的。原則上僅為貴賓及剪綵者安排座位，剪綵者之座位一定是最靠近彩帶者，以方便其就位及復位。當然如果空間夠大，是可以多安排一些觀禮者之座位的。

剪綵用具

　　首先是剪綵用的彩帶，一般多為紅色或是粉紅色，在每一剪綵者之前會有一綵球，平均分布在綵帶之總長度上。另外要準備胸花，以便配置在剪綵者之胸前。其他還有剪刀以及剪刀托盤，剪刀必須選擇鋒利者，最好事前先試剪過，以免剪綵者臨時剪不斷綵帶時會相當尷尬，托盤上最好鋪有紅色絨布，剪刀可以選擇金色者，如此搭配將顯得隆重且喜氣洋洋。

服裝

　　由於邀請前來剪綵之貴賓可能不只一人，由一人至多人不等，但是很少超過五人以上的，因此為求整體美觀一定會告訴貴賓著正式服裝，甚至還可以請其穿著深色或淺色之正式服裝，以求美觀。工作人員之服裝則應是公司制服為主，但負責協助剪綵之小姐則服裝必須加以區隔以示隆重。原則上主人及主賓站於中間的位置，以右為尊，每人距離須等距。

　　在我國剪綵小姐多著顏色亮麗之旗袍，國外則多著白色之女用禮服，而且多在髮型、服裝方面力求一致，原則上每一位剪綵貴賓身旁應有一名剪綵小姐在旁協助其剪綵，因此如果有四人共同剪綵，其身旁就應有四名服裝一致之女郎相伴。

典禮

　　剪綵儀式前多會有主辦單位致詞，然後再介紹一同參與剪綵之貴賓，也會有貴賓致詞。致詞完畢後司儀會宣布剪綵儀式開始，此時與貴賓相同人數之剪綵小姐會先至定位（有時甚至會有兩位小姐協助一位貴賓剪綵的情形），手捧托盤，內置剪刀。主人則會邀請剪綵貴賓就

定位。

　　剪綵前一定會請所有參加剪綵之貴賓手執剪刀預備剪綵，此時貴賓應向身旁之小姐點頭示意，然後取起剪刀，一手執起綵帶，一手準備剪綵，但千萬不要剪下去，這時只是擺POSE，是供媒體及攝影師拍照的。

　　在司儀確定所有人均已就定位，準備妥當後，媒體也已準備完成時，會依主辦者之示意宣布：「開始剪綵。」此時剪綵者在身旁小姐協助下剪斷綵帶，剪綵時必須配合其剪綵人之動作，不可過快或太慢。剪完綵後應將剪刀歸位，手執斷帶，再度供媒體攝影留念，之後將綵帶及剪刀手套等交由身旁的小姐即可。攝影完畢後在主人指示下復位或是開始進行參觀的活動。剪綵儀式完成後有些會有開香檳慶祝，在活動結束前也會有分送小禮物的情形，最好事先準備妥當。

剪綵的由來

不論是新廈落成、公司開張或是公路、大橋通車，一律少不了有達官貴人、明星聞人等來共襄盛舉剪綵誌慶一番，不但藉以詔告天下正式完工啟用，並且在剪綵處多會張燈結綵，且有樂隊助興，好不熱鬧。

據說剪綵最早是在二十世紀開始流行的，而據考證最早的發源來自美國，當時美國若有商店當天開張時，多會一早先把店門大大打開，再在門口橫繫上一條布條表示即將開幕，過往行人一看就知道這家店就要開始做生意了，於是會在門口逗留等待進入。

1912年的某一個清晨，聖安東尼州的華迪米鎮上有一家百貨公司也正依習俗即將開幕，大門早已打開，橫布條也已繫妥，一切都準備就緒，只待將布條取下正式開幕的時刻了。沒想到這時候老闆的小女兒突然牽著她的小狗由店內衝了出來，布條也被扯斷了，這時在大門外等待的群眾一看立刻爭先恐後全都衝進店內，並立刻開始大肆採購，而且整天買氣極盛，店內生意旺得不得了。

由於業務蒸蒸日上，過了不久，老闆又準備開設第二家百貨公司。他忽然想起上一次的意外事件讓他大發利市，於是決定如法炮製，開幕日故意叫小女兒再撞斷布條，果然又是財源廣進生意不斷。

事情很快就傳開來，從此以後只要有商店開張，一定會找一條狗來故意不小心的撞斷布條，或是請年輕貌美的女郎來代替小狗，後來布條慢慢演變成彩色的布條，並且改用剪刀剪斷綵條，有些講究的，甚至還會用白色的手套及金色的剪刀，而剪綵美女之主角地位，也由VIP人士取代。

決勝商場第三式・**送往迎來好功夫**

Part

一般公司企業對於外國貴賓，

前來本國參觀訪問，

一定會用最高禮遇來接待，

從接機、代辦證照、交通、住宿、餐飲、

參觀拜會、商務會議、休閒娛樂、

甚至是其他特殊要求等等，

這有助於雙方日後之商務交流，

務必做到賓至如歸，

擴大彼此的利益。

第十章
接待外賓禮儀

有朋自遠方來，不亦樂乎！何況如果來的朋友是與自己的公司有商業上往來的人呢？一般公司企業對於外國貴賓前來本國參觀訪問者，一定會用最高禮遇來接待，舉凡接機、代申辦證照、交通、住宿、餐飲、參觀拜會、商務會議、休閒娛樂，以及其他特殊要求等等，務必做到賓至如歸的感覺，讓來訪之賓客收穫良多，且留下最好的印象，有助於雙方日後之商務交流，擴大彼此利益，以下就是在接待外賓方面應有之禮儀及注意事項。

接機

　　賓客來台前我方應會將前往接機人員之名單、身分、手機電話號碼等相關資訊告知來賓，應再次確定來訪之貴賓總共人數，以便決定接機人數以及交通工具、住宿、餐飲之安排。其次要確定來訪者之班機編號以及預定抵達時間，是否所有人都搭乘同一班機前來等等。

　　抵達的當天，接機人員應該在班機預定抵達的時間，稍早或是同時抵達，以便來賓一抵達機場，即使尚未出關，也可以與接機人員聯絡上，方便確定出關之時間與確實地點。接機人員應著正式服裝以迎

賓客，如有公司制服則應著公司服以示代表公司，女性則應與男士相同，並適度化妝打扮以迎嘉賓，若在機場有獻花或是掛花環之儀式，應由女性代表為之較妥。

　　迎接嘉賓後必須確定其簽證效期沒問題，並且再確認其離境之班機，以免因而改變行程影響下一站之安排。如果可能的話，代其影印相關證件，以免不慎遺失時仍得以順利出境。最好請來賓在機場換一些本地錢幣以方便使用。

攜帶物品

　　一般接待必須攜帶以下物品：

　　迎賓指示牌或布條：方便來賓一出關就可認出接機者。

　　名片與名牌：一接到來賓立刻將自己之名片交給來賓，其上應有行動電話以及家中電話，以利有緊急事情時聯絡之用；名牌則是讓賓客放心接機者之身分。

　　雨具：如果出關至機場停車處須步行，或是抵達市區下車後可能要步行者應備雨傘以防驟雨。

　　礦泉水或飲料：方便途中飲用。

　　翻譯人員：如果接機代表本身語言能力欠佳，則最好帶一隨身翻譯，讓來賓一抵達就可以順利表達意見，也可以在機場事先處理一些事情。

交通

　　應事先安排接機之交通工具，如果是另有司機者也應先確定交通工具之狀況，行李是否放得下，座位之排定等宜先加以規畫以免臨時慌亂，如果來賓中有殘障人士也應先為其預做準備，如：乘坐輪椅者、有特殊疾病者，應準備有應變方案，以防臨時發生緊急情況時可以立刻送醫急救。出境後、搭車前，確定來賓是否有使用洗手間之需要，並告知前往市區約若干時間。

至市區途中

接待人員應適度為來賓介紹本地的基本情形，如天氣、人口、交通、商店營業時間等，盡量以輕鬆、幽默的方式表達，打開友誼的橋樑，亦可先行將次日行程告知，但應注意察言觀色，如果賓客已露疲態，則應讓其稍事休息，不可一直喋喋不休，讓人吃不消。

住宿

賓客來訪之前其住宿應已訂好，如果是公司招待者，則應選擇地點佳、安寧度好、治安好之飯店接待，抵達飯店後應為其辦理住宿手續，並告知飯店之相關設施如三溫暖、游泳池、餐廳等，以方便其自由使用。離去之前也最好提醒其隨身攜帶飯店之卡片，以備不時之需。

餐飲

接待外賓一般是不會招待其餐飲的，除了公司請客、餐會外，外賓必須自己負責，但是接待人員可以提供一些本地有特色之餐廳以為其參考。當然事先瞭解其宗教信仰，如印度教不吃黃牛肉；回教不食豬肉；猶太教不食無鱗之海產，以及外賓本人之禁忌，與減肥中或是其他宿疾等之問題也是必要知道的。

次日行程

待所有手續辦妥之後，確定來賓已無任何問題時，可以將次日之行程作一說明，說明參觀、拜會之時間以及地點，將會見之人士以及其身分，是否有任何會議或者簡報等等。提醒其應注意事項，如著正式服裝、天氣寒冷預報、會後是否有人邀宴等。最後留下接待人員之手機、家中電話（以便緊急事故發生時使用），再次確定次日之接車時間以及地點等，再告別離去。

送行

　　來訪外賓完成所有參觀、拜會與會議行程後自當返國，在已確定離境日期後，接待人員應如接機時一樣，將交通工具等再做確定。依規定個別旅客最少應於飛機起飛前兩小時，抵達機場辦理離境手續，所以接待者應將市區至機場之交通時間從寬計入，以免臨時路上有交通事故時措手不及誤了班機。

　　至機場後應協助來賓搬運行李、辦理手續，並提醒外賓在來訪期間是否有購買之紀念品或是公司、廠商等贈送的紀念品不可隨身攜帶，只能放在大行李箱中者。最後送訪客至機場移民關入口，代表公司感謝其到訪，如果對方為了表示謝意，欲給接待人員小費時千萬不可接受，可告知這是應盡的本分，也是個人的光榮。至於對方若是贈送小禮物則稱謝收下並無不妥。當然在離別時之合影、握手，甚至擁抱也應是主隨客俗為之，最後祝其一路順風，來日再敘。

第十一章
商務拜訪禮儀

在社交禮儀中，為了敦親睦鄰或是增進友誼，人與人之間互相拜訪交流是相當普遍的，在商業互動中，公司為了維持並增進與客戶的關係，或是拉近與潛在客戶的距離，也經常會邀請海外客戶前往其企業所在地參觀訪問，一方面藉機展示其企業之實力與品管、研發、管理等進步的一面，並且給予客戶良好的印象以及更佳的信心；另一方面則可藉招待客戶之機會，建立與客戶如個人友誼一般的關係，使公司與客戶之互動更頻繁，關係更穩固，藉此緊緊將客戶套牢，以使公司的生存多一分保障。

公關部門

一般大型企業、集團多會有專責部門負責接待海外客戶，也就是所謂的公關部門，專責迎客、待客、送客之繁瑣事項，而公關部門內之職員多有下列幾項特徵。

◆ **外貌出色**

不論男女，雖然說不上是各個俊男美女，但是一定得經過公司篩選，外貌清秀，脾氣温和，禮貌週到，使人一見就會有親切、愉快的感覺。

◆ **服裝整潔**

大型企業多會有制服，一般多是男士深色西服、淺色系襯衫，再加上一條公司斜紋領帶；女士則是同色系之套裝，高跟鞋，淺色襯衫，外加一條公司設計之領巾。無論男女，站在一起多會顯得端莊正式且出色，給人印象極佳。

◆ **語言能力佳**

英語是國際語言，所以每一成員均可說流利英語，此外成員多能說第二外語，如國際常用的德語、法語、義大利語、西班牙語等等，甚至於日語都有不少人能說得不錯。至於中文、韓語就只

有簡單的寒喧、客套話之類，如：「你好嗎？」「謝謝！」「再見！」

◆ **專業知識強**

公關人員除了必須對企業之歷史、精神、宗旨等基本觀念熟悉外，公司之產品、部門、海外分公司等也知之甚詳，如果有客戶提到某項產品時，除了相關部門之介紹人員得以介紹外，每一成員或多或少也能予以談論，藉以增加與客戶的互動。因為海外分公司更是與該地前來之客戶關係密切得多，如果瞭解海外分公司之主管及分公司之歷史、產品等，與客戶談話時的題材就可以豐富許多，也得以拉近彼此的距離。

公司邀訪

　　在確定邀訪對象後，公司相關人員會要求確定來訪者之名單以及詳細資料，所謂詳細資料應包括：中英文姓名、職稱、負責業務之簡介、經歷、聯絡電話、地址、電子信箱等，以便邀請單位製作名牌，派遣適合接待及解說人員等工作。名單確定後最好不要隨便更動，如果有不可抗拒的理由，也應事先與邀訪單位聯絡，告知實情，可能的話可以職務相同之人代替，以免使對方之安排重作調整。

抵達後參訪前

　　參訪人員抵達該地或附近後，邀訪單位一般多會主動展開聯絡，以再次確定第二天之參訪人員、交通工具、參訪人數、開會人數、用餐人數等細項，較具規模的企業多會派一聯絡員至參訪者下榻之飯店進行事前溝通，並告知第二天開始、結束時間及地點，如果司機對路不熟，他們甚至會親自駕車帶領司機，以求順利準時到達。

　　到達公司後首先換領參訪證，這些參訪證事先已備妥，待訪客

抵達大門時即由接待人員——為訪客發放配戴，至參訪活動完全結束後再歸還。

參訪行程

　　參訪行程開始前一般多會有一簡短之簡報，介紹該公司之歷史、組織概況、主要產品、未來發展等等，先讓來賓有一初步之認識。之後開始參觀，細心的公司甚至會有兩種行程，如有配偶隨行者，先生參觀訪問之行程太太也會隨行，以大致參觀瞭解，待先生與公司有相關會議時，如果在場不但無趣而且會影響先生開會之情緒，因此邀請單位在大致參觀公司完畢後，會派女性職員陪同娘子軍前往附近之百貨公司、商店街、市場等地逛街購物，等到先生會議完畢後再一起至餐廳共同參加主辦單位之邀宴，各取所需，皆大歡喜。

參觀拜會的禮儀

　　來賓來訪，參觀拜會應是重頭戲，在安排上更是應盡心盡力，除了涉及業務機密外，盡量滿足外賓之要求，也就是見到該見到的人，看到該看見的事。

　　外賓抵達後，應視其停留之時間與預定參觀拜會的單位、人物做一完整綜合的規畫，尤其要注意的是路線的安排，例如說有一些單位距離本地較遠則應考慮安排交通工具，或時間緊迫可建議其放棄或是請受訪單位派員前來會面即可。

　　會面人物方面之安排雖應盡力配合客人，但也應考慮受訪者之個人情形，以免對方雖覺不妥但不便拒絕，所以事前之蹉商是必要的。以下是參觀拜會應該注意的事項。

◆ 整體聯絡

如果參觀一個公司不同之單位，接待人員必須確定每一單位之窗口，確定該單位之受訪人物、參觀地點均無問題，參觀拜會之時間為幾點到幾點、該單位之接待人員是何人等等。最容易發生之失誤是聯繫銜接方面，來賓已結束了上一站的行程，但下一站卻仍未準備妥，或是臨時找不到人。因此來賓仍在上一站訪問時，總接待人員就應與下一站之接待人員聯繫，以確定接待無慮。

◆ 服裝

接待來賓一律穿著公司制服為主，否則也應穿著正式服裝以示盛重，如果參觀場所有較特別者，像是無塵室，這時也應準備好參觀者所穿的特殊服裝。

◆ 專業解說

個別接待單位之接待人員應安排瞭解該單位運作之專業人員負責介紹，如果專業人員語言能力欠佳，則應安排翻譯人員在場，以方便來賓完全瞭解解說內容。

◆ 會議及演講

如果在訪問中有會議及專題演講，則應依國際正式會議之慣例來舉行，如會議之用語、流程、主席、司儀、來賓介紹，並讓來賓事先知道議程。此部分可以參考本書第十二章＜會議禮儀＞之內容。

◆　饋贈

公司一般都會有饋贈來賓禮物做為紀念品的習慣，希望帶給來賓較佳的印象，當然來訪者也多會備有相當的禮物答謝接待單位的費心，必須要注意的是這些互贈儀式應在公開場合舉行，以示公司對公司之友誼象徵。贈品的對象是公司，所以應以能夠在公司展示為原則，至於給個人的小禮物，則應以有紀念性且價錢不高者為佳，以免給予賄賂之聯想。

◆　商業機密

公司交流，雙方人員互相學習本是常事，但是如果來賓希望參觀一些較新型的產品或是研發中的計畫，若有商業機密顧慮時，則可委婉地以其他理由拒絕，如新產品是在其他地方研發，或是該單位正在整修，安置新機器等，最好不要直接告知原因，以免對方認為其信用受到懷疑。

如果公司同意讓來賓參觀一些較敏感的單位時，則應事先告知公司之相關規定，如禁止攝影、拍照、記錄等，以免資料不小心外洩。只要事先誠懇告知、當場提醒或禁止，一般是可以被對方接受的。有一次我與一些專家前往瑞士某大化學公司參觀有關污水處理的技術，事前已被告知嚴禁拍照或攝影，但有一隨行博士技巧地以手錶計算他們的一些機具工作之次數與時間，立即被陪同人員委婉示意，當然博士也相當識趣，立刻停止計算。

參觀訪問的行程

一般參觀訪問之行程大致會安排以下數項。

◆ 簡報

以影片或幻燈片替參觀者做一簡單完整的概略介紹，內容是有關公司歷史、理念、成長過程，以及公司之現況和發展計畫等，配合簡報，邀請單位大多會準備一份文字資料，以便訪客可以攜帶返國當做參考。

◆ 參觀

簡報完畢後會有專人陪同參觀公司之主要部門，不過為了不打擾公司正常運作，一般都是在工作場所外大略參觀，除非有特別情形（如訪問前指定）才會入內參觀，如果是參觀工廠，會有安全頭盔準備，如果參觀無塵室，會有無塵衣、手套等備用。

◆ 會議

參觀完畢後多會安排專業人士解說，一方面解答訪問者一些問題，使之對公司產品及生產製造過程更加瞭解，另外也會對公司新的產品以及即將推出的產品做一預先介紹，以收宣傳、廣告之功能！當然，主辦單位也會準備產品的型錄介紹，以供參訪者取得第一手資料。

餐會與道別

經過了簡報、參觀、研討等活動後，一般會進入最後一項活動——餐會。餐會多在所有活動完成後才舉行；當然也有以午餐方式招待來賓的，以方便訪客參觀完畢後即可早一點返回飯店休息，不一定要等到晚餐時間。但是不論午、晚餐，一律是正式餐會之安排。

◆ 飯前酒

餐會開始，一般多由飯前酒方式進行，主人會以威士忌、馬丁尼、雪萊酒等，配以橄欖、蝦仁、乳酪、魚子醬加餅乾，雞蛋切片等小點心宴客；當然不會喝酒的也可以改用果汁、可樂等軟性飲料（Soft drinks）。飯前酒一般在正式宴會開始前半小時至一小時，待宴會開始時，主人會邀請客人進入宴會廳，此時尚未飲用完之酒類及未吃完之點心，是不可以帶進宴會廳內的，只需留在當場自會有人收拾。

◆ 正式餐會

一般都會在餐桌上放置名牌，所有人均須依名牌就座，不可以隨便更換座位，因為主人原則上都會在客人與客人間安排接待人員，以方便為客人服務或是陪客人聊天，增加彼此之認識，這也是社交之主要目的。

◆ 簡短致詞

一般多是祝來賓事業成功順利，健康快樂等。而賓客也會利用此一時機舉杯答謝主人的招待，表示獲益良多，雙方的友誼更加邁進一大步之詞，也有些人會在此時贈送主人紀念品者，同時對於接待人員也會以口頭或小禮物表達感謝之意。

當有人欲演說時，會有另一人先以小湯匙輕輕敲打酒杯，以示大家安靜，聞此噹噹聲響則必須立刻停止與鄰座之交談，專心聽說話者之內容並予以掌聲、笑聲回應，不可自顧自地與他人繼續聊天，或低頭喝悶酒。

◆ 佐餐酒

　　宴會之佐餐酒大多是紅葡萄酒、白葡萄酒、粉紅酒等，飲酒須與所用之主餐配合，眾人皆知海鮮、魚蝦配白酒，白酒是放在冰桶中冰鎮，瓶外包覆一條白色餐巾以免弄濕手；牛、羊、豬則配以紅酒，紅酒是採用室溫，飲用前必須先醒酒，醒過之酒口感更加美味。此僅為一般原則，事實上亦常有主菜為海鮮，以紅酒佐餐者，肉類食物也可佐以白葡萄酒的。

要注意的是不論紅酒、白酒，沒有人會在酒中加冰塊的，因為葡萄酒中一加冰塊其風味盡失，只能算在喝冰水了，另外也有在一餐當中同時飲用紅酒以及白酒的，此時原則上是白酒先上，紅酒後上；淡酒先上，醇酒後上。至於香檳酒一般都是在餐後上水果、甜點時，方才飲用香檳酒的。

斟酒之順序應該先請主人試酒，待試酒無誤後再先行依主賓之順序為所有坐客斟酒，最後才又回到主人座替主人斟酒，待主人酒杯斟妥後，才可以一起舉杯互祝，萬不可自行擅自飲酒，如此行為相當不禮貌。斟酒時除了啤酒等軟性飲料外，一般最多只會斟個半杯甚至更少，不宜斟滿。

◆ 敬酒

敬酒時必須由自己身旁的女賓開始，先右後左，依次逐座敬酒才合禮儀，不可以跳過中間人直接向較遠座之人敬酒。要注意的是，女性一般不主動敬酒，遇有他人敬酒而自己又不方便飲酒時可以用其他飲料代替，雖不飲但是動作必須做出來方才合禮。

主人向主要來賓敬酒時，其餘在座者均應起立舉杯同表祝福之意，被祝福者可以坐在原位不必起立，但一般多會起立表示謝意，但是不可與眾人一起舉杯祝酒，否則就變成自己祝福自己了，豈不怪哉？同樣道理，當客人向主人致敬舉杯敬酒時，主人也不必起身還禮，杯子放在桌上就好了。但是現在有不少主人在客人敬酒時會立即回敬，也因此變成一起舉杯互敬了。如果地主國仍有王室制度者，第一杯酒多會敬女王、國王等，此時亦應從眾舉杯。

◆ 飯後酒

正式餐會完畢，主人會邀客人進入交談廳喝咖啡、茶以及飯後酒。飯後酒多為甜酒類，如白蘭地、蘭姆酒、甜酒、薄荷酒等，一般多在桌上擺各類甜酒，由客人自行斟酒取用。更正式的還會有雪茄供應，供應雪茄時也會提供剪雪茄頭之工具，把煙嘴剪開以便吸煙，不可以用牙籤將煙嘴戳洞吸煙，因為較為不文雅，更不可以學美國暴發戶，用牙齒將雪茄煙頭咬掉，吐到一邊。

點燃雪茄時依傳統都是用火柴來點燃，不像抽一般香煙時用打火機來點，剛點燃火柴後必須稍待一會兒，等火柴頭上之硫磺味燃燒掉後再點雪茄。還有一注意事項就是，吸雪茄時一向是各人點各人的雪茄，並不時興為他人點煙的。

◆ 道別

宴會完畢，酒足飯飽之際也該是分手道別時，依慣例，主人是不會開口告訴訪客：再會的時間到了。但是依據慣例，客人多會識相地在差不多的時間起身，再度向主人致謝，期待下一次再相逢，也非常歡迎主人有機會至自己國家參觀遊覽，屆時也可略盡地主之誼。主人當然也會表示期待再相會之意，且非常珍惜此次的聚會，祝福大家一路平安，後續行程順利等，而合影留念也多在此時最是恰當。

決勝商場第四式・**開個漂亮的會**

Part

4

在當今工商如此發達的社會中，

不瞭解會議之運作與規則，

是要吃很大的虧，

尤其是與國外合作廠商會議時，

若知道如何開個漂亮的會，

這將替公司爭取到更佳利益，

也不至於吃了暗虧還遭他人訕笑。

第十二章
會議禮儀

在商場中，舉行會議進行討論與溝通是不可或缺的一項基本要素。它是公司內部自我檢討的力量來源，也是一個有規模有制度的公司對外能力的表現，所以能夠開一個漂亮的會，絕對是商務場合中的決勝關鍵。而不論是公司內部自行召開的會議，或是對外進行跨公司的會議，展現出良好的會議禮儀都會使人肯定其人與專業能力。尤其，我國的文化中並不習慣召開會議進行意見的溝通與討論，多是領導者權威式決定的宣布而已，因而，國人在會議禮儀上顯得更加不足。在此部分我們將詳細介紹會議的種類、會議議程、會議議程和會議中的真正精神，以期使讀者擁有正確的觀念，由內而外散發出良好的會議禮儀。

會議的種類

　　國人常常會有一種錯誤的觀念：「會無好會」。這個觀念的由來可能是由於我國進入民主國家的行列並不是很久，比起英國、美國或是其他歐陸等老牌民主國家，我們對於民主社會中常見的會議，可能因為不瞭解、不知其基本精神及運作方式，從而演變成排斥與應付了。但是，在當今工商如此發達的社會中，不瞭解會議之運作與規則是要吃很大虧的，尤其是與外人會議時，將無法為己方爭取更佳之利益，甚至吃了暗虧還遭他人之訕笑。而與會時之相關禮儀也是必須注意的，因為西方社會非常重視會議時的規律與倫理，不照其規則實行必定遭人反感，輕則讓人蔑視，重則可被驅逐出場，不可不慎！首先來談談會議的種類有那些。

◆ 議會

　　這是指一個國家內下轄各民意相關內正式之會議機構，如市議會、縣議會等，藉此以監督政府之行政並為其選民謀取最大之福利，這些議會的會議多數已經由相關機構確立其章程，而議程也多依歐美國家之議會議事方式進行，較為制式與僵化。

◆ 民間社團

　　包括各協會、學校、國際協會、基金會等組織，為了彰顯其功

能，一般也會有大會、理監事會等會議，而其下會有實際執行會議決議之各委員會，如財務委員會、會員服務委員會，而這些委員會也會定期或不定期召開與其功能相關之會議。

◆ 政府機關

在各級政府以及其下所屬各機關，為了推動政務以及協調其他部門等，也會有各式大大小小的會議，這些會議就是所謂的「官方會議」，也就是國人口中「會無好會」的由來。常常是找了一大堆人來開會，但是會而不議，議而不決的情形屢見不鮮。

◆ 商務會議

商務會議又可分為公司內部會議，即公司各部門內部會議，如業務會議、財務會議等，以及各部門同時參與之會議，如月會、週會或大會等。另外還有公司與公司之間的會議，這種會議多半與商業之利益相關，兩個或多個公司舉行會議以溝通、協調某一事件，工作之劃分、利潤之分配、權責之訂定等，均在此會議中討論並決定。而本章中討論的是正式會議。

正式會議

首先我們談的是會議的精神與目的。在民主社會中，集合眾人的

經驗以及智慧，以最好的方案解決面臨之問題，所以所有與會人員理應盡量發言，表達看法與立場才是。如果參加者只是志在參加，不發表意見，也不參與討論，則勢必影響其他參與者之表現，使得會議只剩會而無議。可惜國人從小的教育就是秉持：「少說少錯」的心態，在會議中始終保持沈默者有之，閉目養神者有之，似乎只是列席而非與會，常常一個會議開得冷冷清清，只剩主席以及少數人支撐全場，即使有人提議，也多是無異議通過，會議流於宣達政令與公布事項而已，完全喪失了會議重要的精神——積極討論。

Devil's advocate

說到討論，我就不得不提出西方會議中一項重要的經常方式，就是 Devil's advocate。所謂 Devil's advocate 就是在會議開始時，由其中一人志願擔任惡魔的角色，如果沒人志願，也可以由主席指定，這位仁兄的任務乃在會議進行時，想盡辦法與發言人唱反調，不斷質疑他人之提議與解決方案，有時甚至會達到嚴近於苛之地步，被質疑者也多會就事論事，勉力以答，因為他們深知，此一角色存在就是希望在決議前能夠考慮周詳，以免一旦決議已成，更改極難。所以不斷挑戰他人之看法與立場，無異是促使議案動機與目的之三思，施行方法則是在雞蛋裡挑骨頭。我國國民

對此法定「唱黑臉」方式相當陌生，在會議中如果不明就裡，一定會驚訝地無以名狀。

　　我曾經在一次重要會議中志願扮演 Devil's advocate 的角色，雖然事先言明對事不對人，只是為了公司推出之產品能夠完美無瑕，禁得起市場考驗，但是當我一再以尖銳的方式質詢他人時，仍然遭到不少人之白眼與怒氣，雖然我再次說明與解釋，但是似乎仍然得不到他們諒解。不過，這種方式是成功的，因為就在會議後，有些產品被主動撤回，延遲推出市場。我並不會與這些人計較，因為我已成功的扮演了 Devil's advocate 的角色，而他們也只是不習慣如此的會議方式罷了。

腦力激盪（Brain storming）

　　在歐美國家中，在任何重大議題決議之前，為了能夠充分由各個角度，各個層面來探討此一影響極大的議題，多會在會前以一種不拘形式的會議方式，由所有與會人員提出看法與建議，然後由大家再由已提出之建議中再思考，再提議，再思考……以期在此腦力激盪下，碰撞出智慧的火花與可能的最佳方案。「腦力激盪」有一點像美國的連字遊戲，由一人先說出一英文單字，並拼出正確拼法，然後依序由下一人繼續依前一人說的單字之最後一個字母來說出新的單字，之後再由下一人繼續下去，直到有人說不出新的單字落敗為止。藉由此種遊戲可以測驗出學生之單字能力，而藉由腦力激盪也可激發出與會者

的經驗與智慧，使得問題以最完美之方式來解決，不過在腦力激盪時，一般都有以下之特色。

◆ 所有人均須發言

　　主席務必使所有參與者都瞭解，他們的意見是很重要的，最後不論是否採行，但是極可能由於其中一人之意見，而使其他人有了突破性的 idea，因而提供了最佳解決方案。

◆ 提議不設限

　　所有正反面的意見均可自由提出，甚至有些看來與議題並沒有直接關連者也可提出，而且規定他人不得加以攻擊、取笑，就算是天馬行空也不可冷嘲熱諷。

◆ 採表列法

　　所有提出之解決方法，均巨細靡遺的列在表上，然後再由眾人一項一項加以剔除、歸納，再限定至一較小之範圍內。

◆ 不做決定

　　主其事者可以不在該會議中做成決議，只是將會議之結果呈給公司之最高決策者參考而已，而公司也常常將同一議題交由不同性質之部門加以分別探討，再將不同之討論結果綜合在一起，由核心人士加以討論，然後才會有較完整之建議方案出爐。

◆ 充分討論

在我國的會議中，多由主席按照議程來做，由會議開始、主席致詞、委員會報告、討論事項、臨時動議，以至於散會，其中在討論事項時，一般多是政令宣導，很少有人討論，更別說是熱列討論了。

西方會議中，主席有義務使每一與會者均能充分表達意見，而對於某些一直發言者，其所表達的又是同一看法時，這會使得議題無法經由充分討論而使每一與會者都明瞭其意涵，此時應予以技巧的制止，以免佔據了其他人的發言時間。

至於對會中沒有發言或是極少發言者，主席應該主動要求其表示意見與看法，有一句俗話：「說得多的不見得說得好，說得好的不見得說得多。」既然來參加會議，主席就應設法使那些「沈默是金」者，能由口中吐出一些金子出來。

「Robert's Rules」與會議議程

下面我們來談談會議的規則。目前在世界上流行的議事規則，應是 Robert's Rules 莫屬了，所謂 Robert's Rules 是指在西元1876年，一位美國西點軍校畢業之高材生，他花了三十年的時間所出版的《會議規則》（Rules of Order）。事實上 Robert 並非法律方面之專家，他攻讀的是工程學，美國境內有很多重大的工程均是由他所計畫並完成的，其中有不少工程目前仍然運作中。

　　由於他經常參與不同單位的會議，而每個地方的會議規則均極不相同，使他無所適從且倍感困擾，於是他綜合各個地方會議規律的優點，重新依最佳的規律訂定方式，以期使會議達到最佳的效率且最符合民主的程式。

　　沒有想到此書一出，造成全國極大的轟動，一時洛陽紙貴。原來當時美國各地會議各有各的規則，其中有些完全沒有規律，大多數的會議開得是一團混亂，又常常有激烈爭吵，甚至暴力行為發生，所以身為主席的固然苦不堪言，其他與會者也一樣痛苦又無奈，所以等這本《會議規則》一出，各地無不奉為會議聖經，幾乎所有較正式一點兒的會議都依此規則進行。

這種情形並未因為時間的關係而淡化，反而由於美國之國勢日強，而將此一會議之規則迅速推展至世界其他國家，所以如果有人問：「那一種會議規則是目前世上最通行者？」大家應該知道答案了吧！現在就讓我們來看看 Robert's《會議規則》之內容，既然談的是會議，就先來看看一般標準的議程吧！

所謂議程 Agenda，指的是議中的會議及其相關活動之流程表，正如我們去聽音樂會也會有節目單一樣，上面會載有依順序排列的曲目與演奏者，以方便觀眾知道每一段流程，議程也是一樣，上面記載有會議預定的流程，嚴格地說議程並沒有一定的標準，不過根據大家共同的經驗而產生了一種約定俗成之議程，目前大多數正式的會議均是依下列程式而進行的。

◆ 宣布開會

正如所有國家一般，如果預定會議時間已到，與會者也達到會議的法定人數（Quorum）時，一般會由司儀請在場人士就座，並宣告會議即將開始，不過在歐美國家都是由主席站在主席台前宣告會議之正式開始。有些會議設有議事槌（Gavel）的，主席還會輕輕敲一下木槌表示正式開始。這一點與法院中法官之木槌有異曲同工之妙，誰握有木槌，誰就是該廳堂內之主其事者。

宣布開會後，在基督教國家還會有牧師帶領大家一同祈禱之儀式，有些也會有向國旗致敬之舉，表示尊重國家與國旗，但是不會像我們這裡一鞠躬，再鞠躬的。待這些簡短的禱告、致敬等活動結束後，主席會請與接下來會議無關之人員先行離場，同時也多會宣布休

息十分鐘以利重新安排坐位等。

◆ 主席致詞

　　會議再度開始後，主席會先作一簡短之致詞，也就是所謂的開場白，主要是説明本次會議召開之目的、會議的時間長短，以及歡迎大家踴躍發表意見，會議圓滿順利等，之後如果尚未指派會議記錄，也會利用此一時機指定某人當記錄，當然身為記錄者必須字跡工整，文筆不錯才得以勝任的。

◆ 介紹來賓

　　主席致詞後，先介紹與會的貴賓，有時只由主席詳細介紹來賓的背景，有時也會請來賓做一簡短之致詞以示重視。這種來賓致詞與專題演講完全不同，如果是專題演講，一定會在議程中清楚載明演講者、演講主題，以及演講之時間等等。

◆ 宣讀前次會議記錄

　　這一點與我們一般開會有極大的不同，我們開會多是宣達政令，會議通告的意義大於討論，所以宣達過也就定案。但是西方社會會議的主要功能在於討論問題，有些議題討論不完或是爭議仍大時，經常會延至下一次會議繼續討論的，還有一些被暫時擱置的議題可再次提出重新討論的，所以宣讀上次會議記錄絕對有其必要性，因為，依規定舊的議題還沒有討論完畢並做成決定時，新的議題是不可以先進場討論的！

當然，前次會議記錄也可以用文字附件的方式來代替由專人朗讀，這時主席只須宣布：上次會議記錄已附在給與會者之檔案上，此時若有疑問也可以提出，請主席修正之，主席則必須要求相關幹部調閱上次之原始記錄再加以修正或是維持原文。

要注意的是，前次會議未完成者理應在本次會議中繼續討論才是，不過宣讀記錄只是一項程式，目的是告訴與會人員上次開會的情形罷了，等到進行下一個程式，即委員會報告後，前次未完成之議題仍然是要繼續討論的。

◆ 委員會報告

其報告之目的在於向所有與會人員報告該團體之現況，包括主席報告、財務報告、祕書處報告、各執行委員會報告等等，由於各機構之組成目的不同，各公司之部門也不一，所以一般均依部門對組織之重要性來排定優先順序，如是財團法人，則財務委員會理應緊排在主席報告之後；如果該次會議有選舉舉行，則提名委員會報告順序也可以提前報告。需要注意的是，如果屬重要的委員會報告，則最好附上文字資料分發給所有與會者參考，如財務報告，理應附上收支平衡表，雖然這些財務報告一定已經相關稽核人員認可，但是仍以附上詳

細之資料為宜。

　　如果該次會議有選舉舉行時，則也該附上選舉之目的以及參選人與應選名額等相關資料，如此將可方便會員在最短時間內瞭解整個選舉的背景，以便選出適當的人選。

◆ 外界來函

　　如果有其他機構或個人寫信給該機構表達問候、關懷，或是邀請前往參訪之信函，主席也可以在此一時間要求相關人員代為宣讀信件之內容，然後，如果沒有特別要大家討論時，可以請祕書處代為覆函，但是如果有邀訪或其他影響較大的情事時，是可以列入新議題加以討論的，當然，依照程式還是得有人「動議」，有人「附議」才得以討論的（有關動議與附議之正確提出方式，我們稍後再加以討論）。

◆ 前次未完成之議題

　　此時就是上次沒有討論完之議題繼續討論的時機了。而且上次議題未討論完者，不可放棄不加以討論而逕自討論本次新議題，而且未完成之議題還必須依議程順序逐條討論才是。

◆ 本次議題

　　本次議題是事先經由與會者提出，或是會議主辦單位覺得有一些問題必須提出，供大家討論以做決定者。新的議題，也是應該列在議程上逐條討論，如果會議時間不夠，則也應該列入未完成之議題，一樣留到下一次會議時繼續討論。

◆ 其他議題

　　這就是我們十分熟悉的「臨時動議」了，既然是臨時產生的議題，當然是不會列在議程上了，這是在所有上次、本次會議之議題均討論完畢後才可以提出來的，例如前述之友人邀訪，就可以在此時提出請求討論，如在何時、以何種方式前去參訪。當然，如果與會者臨時想到了什麼問題，希望聽聽看大家的意見時，也可以提出動議請大家表示看法的。

◆ 選舉

　　一般社會團體之選舉多會排在討論上次未完成之議題與本次議題之間舉行，但是也有些是在討論完所有議題後再舉行的，不過不論舉行時間先後，大多依下列方式來進行。

　　（1）**選舉開始**：主席宣布即將舉行選舉之名稱、方式、應選出之職位名稱及人數等。

　　（2）**提名**：可分為現場提名和選委會提名。前者即現場公開開放與會者提出候選人名單以供大家表決，不過必須注意的是，同一人不可在同一職位上提出兩人以上之候選人。提出建議人名時不用他人附議，但是被提名者有權拒絕被提名，也無需解釋原因為何。後者，如主席也可以提名，一般多是由主席事先徵詢擬定人選之意願後，才會在大會上提出，以免當場遭拒產生尷尬，且影響選舉之進行。委員會也可以提名，結構完整之組織多會設有選舉委員會，平常即與有心服務者接觸較頻繁，所提出人選也多是較適當之人選。如果由委員會提名，那麼由選舉方式、候選人名單、選舉之流程、選舉結果之宣布等

均會依程式順利進行，所以選委會之設置十分重要。

（3）**表決**：確定候選人後，下一步自然就是表決。一般表決方式不外乎：

◆ **投票（Ballot）**

這是在比較正式的選舉中常用之方式，但事前必須印好選票，且註明如何勾選候選人，是否可以複選，何種情形是無效選票等較為複雜，當然還有計票、唱票、驗票等繁瑣之程式。

◆ **舉手（Show of Hands）**

這也是極為常見之表決方式，一般多用在比較不正式之選舉中，優點在於時間短，效率高，但是也會有混亂、草率的情形。所以主席必須在執行舉手表決時非常清楚地說明表決之用意，待所有人都清楚後再行表決。

可是在候選人之間票數十分接近時，可能會有誤計人數的情形，此時若有人有疑問，或是不同意表決之結果時，可以立即且無需他人附議地發聲：「Division！」意即舉手表決不公正，請改以較明確的起立表決方式重新選舉，主席或他人不得有異議，必須立即照辦。但是 Division 之提出是在選票極為接近時方得用之，如果表決之情形輸贏很明顯時，主席可以不予理會的。

◆ **起立**

這種表決方式既無選票表決之正式且繁瑣，亦不如舉手表決之

有效率但輕率，可稱是適中表決方式。畢竟，一個人站立表達立場必定較舉手來得明確且負責，但是正式選舉則不宜使用；正式選舉不但應以選票為之，遇有重大議題時甚至必須以記名方式表決，以期每一投票者為自己的決定負責。

有一次某一政黨曾在極為重要的黨主席選舉中依慣例以起立表決，由於無人願意公開得罪當朝權貴，影響自己的仕途，所以全場無異議地起身表決贊成之意，當時在場者僅有一位年輕人深知這種表決方式過於草率而拒絕起立，聞風不動地坐在座位上，形成一幅對比強烈之畫面，似乎只有魯迅的詩「橫眉冷對千夫指」能顯出當時的氣氛了。

該名年輕人認為如此重大選舉，怎可公然為某候選人公開護航？正因為沒有人敢和當權者敵對，以如此形式表決，眾人只有表達善意了，但是，如此一來將置民主精神於何地？日後年輕人終於離開該黨，另與友人成立新的政黨，且獲得相當的成就。

◆ 口頭表決（Voice vote）

　　這是一種更簡單的表決方式，一般在候選人唱獨角戲適用，主席會說明某一職位有一人競選，請大家以口頭表決，贊成的說：Aye（意即 Yes），反對的說 No（或是 Nay）！然後由眾人發聲的情形來判斷表決結果，之後會直接宣布是否通過。通過時就說：「The Ayes have it!」反之，若未通過就是：「The Nos have it!」

◆ 宣布事項

　　選舉完成後，下一步是宣布事項，此時是主席向大家宣布與組織有關，或是與會員有關事項的時機。例如說某位會員在某日有生日 Party 或是 Bar-B-Q，歡迎大家自由前往參加等，當然下一次會議之時間、地點是一定會先宣布的。如果有邀請他人專題演講也可在此時加以說明，介紹一番，由於接下來就是散會，所以有事得先離席者可以先行退場，也不會影響會議之完整，這也是為何專題講座總是擺在最後才舉行的原因。

◆ 散會

　　有聚就有散，散會也是一項動議，也需要他人附議（但不需討論）才可成立，這點與我們不同。散會經過他人附議後尚需再經過表決程式才有效，此時主席必須請與會者以舉手或口頭方式表達是否贊成會議結束。照規定，散會也需要過半數以上的人同意才可以通過的。

西方社會的會議精神

　　眾人均知，西方社會之會議精神即在於討論，他們認為凡事只有經過眾人詳細反覆，且正反兩面之討論才能讓大家看清楚事情之本質，看清楚事件之本質方得以思考出最佳之解決方案，尤其是比較重大之議題時更是如此，所以在討論時一般都約定俗成，擬出一些自然的規則。

◆ 一次一事原則

　　意即在討論某一議題時，應該針對此一議題提出直接的討論，當然，若與議題相關，也可以提出其他看法，但是，不允許提出與該議題完全無關之討論，例如一議題之內容為：是否捐款給公益團體時，有人卻提出年費似乎太高，應該予以降低等完全不相關之事，此時主席應發揮功能予以制止其發言。

◆ 議題須經充分討論

　　為保護發言人之言論自由，只要合乎議題者之發言，在法定時間內（一般多會有三至五分鐘發言時間之規定，超過者即必須立即停止發言），可以暢所欲言而不受其他意見相左者之干擾，以期每一位發言者之言論內容可以充分表達，以便讓其他人在做決定時可以擁有更充分之資訊。

◆ 尊重少數

這是大家耳熟能詳的一句話，但是尊重少數不只是口頭說說而已，其真正的精神在於讓會議上之少數意見，能夠利用會議時合法之方式不斷地表達自己的意見，以讓主流意見者能再思考自己之決定是否正確，有些議會則分別採取討論、辯論、公聽會等方式，給予少數意見支持者更多的機會，以符合民主精神，這其中又以英國國會之「分裂表決」最有趣了。

英國國會在會議表決時，若遇有重大議題即將表決，可以採用「分裂表決」。所謂分裂表決不是像一般選舉時之按鈕、舉手、起立等如此簡單方便之表決方式，而是讓有投票資格者起身，走向議場旁一左一右之兩個房間內，然後再由雙方各派身高較高者負責統計對方之人數，統計完成後眾人方才回坐。

難道英國人不知道按鈕與舉手、起身等表決方式，一樣正確且更加方便且有效率嗎？當然不！事實上以英國此一老牌民主國家之所以會這樣做，其用意即在於讓表決者由座位上起身，走向左右房間時能夠有更多一點時間來思考：「我真的決定如此嗎？我真的決定如此嗎？」據說有些人走著走著，就向另一房間走了進去。這也可以說是尊重少數的一種方式。

◆ 服從多數

不用說，這是民主精神之表徵了，少數之理由再充分，建議再好，人選再佳，但是只要表決之結果一宣布，就必須採用多數決，就算只是多一票，眾人也須服從，而且不但只是服從，更必

須加以擁護支持，要把該表決之結果當成自己所提出一般。當然能夠不抵制就已不容易，說到真心支持，大多數人還是很難表裡一致的。

動議的意義

　　孫中山先生在革命前曾往歐美遊歷多年，一方面瞭解泰西諸國之社會情形，一方面瞭解先進國家之民主精神所在，他非常推崇英美等國之選舉制度，認為良好的選舉制度實為民主精神實行之初步，他還在倫敦大英博物館的圖書館研究英國之選舉制度多日，返國之後寫出了《民權初步》一書。

　　我們對照《民權初步》與《會議規則》二書，可以發現兩書之精神極為接近，所以我們可以大膽地假設，中山先生一定詳細參考過此一西方世界奉為圭臬的會議指南。因為 Robert's Rules 在西元1876年即已問世，中山先生至歐美考察時，該書早已聲譽卓著，眾人皆知了。

　　現在讓我們來談一談會議中至為重要的動議。所謂動議是中文的說法，英文即是 Move，正式來說，提動議的人必須先起立，對著主席說：「主席先生（女士）」，主席會點頭或是叫出起身者之名字表示同意他發言，這就是先取得發言權（Have the floor），之後提動議者才可以說：「I move……」（即「我提議……」）。我們會覺得「動議」之中文說起來十分拗口且奇特，這可能是因為中文向來無開會之指南，所以中山先生就直接譯成「動議」這個字了。其實筆者認為只要譯為

「提議」即可，因為原文中 Move 指的是起立發言的動作，因為會議中若要發言是必須起立，表示對主席及與會者之尊敬，且為自己發言負責的作法。

提議人提議完成後，該提議就變成議題（Motion）了，此時有些需要他人附議（Second）之議題必須得到他人附議後方才有效。設想，若有人在會議時提出不相關或無意義之議題來讓大家討論，這不是十分浪費時間嗎？所以一定要有在場的其他人認為，此一議題有必要討論才會附議，但如果真的沒有人附議，主席又覺得此提議十分有必要性時，主席本人是可以附議以利該提議進入討論程式的，否則該提議就無法成立。還有一點我們必須知道的是，附議者並不一定贊成或反對某件議題，他提出附議只是認為該提議有大家一起來討論之必要而已。

程序

　　議題一旦提出且經附議後就會依下列方式反覆處理：提議→附議→討論→修正→表決。有時一個議題被討論再修正，修正再討論，其中又涉及不斷的贊成與反對之表決，此時之議題討論為了效率問題多是以口頭表決、舉手表決來執行的，不過若有爭議時，還是可以以起身表決（Division）再行確定的。

◆ 不需附議

　　有些提議是不需附議且必須立即執行的，也就是說，這些提議的優先順序高過正在討論的議題，以下就是這些提議的種類以及說明。

（1）權宜問題（Privilege）

　　在會議中如果有一些偶發事件發生時，可以提出權宜問題。例如說後排之參加者聽不見麥克風之聲音；有人竊竊私語；有人吸煙等，影響他人視聽權利或情緒者均可以逕行提出，不過仍然要站起身來表達個人的問題（Question）。

（2）程序問題

　　如果會議進行時，未能依照議程表上所列之議程進行時，任何人均可起身提醒主席回歸原定之議題，而主席也應立即停止正在進行之議題而回到應該進行之原議題上。

（3）秩序問題

　　這是在嚴重影響全場秩序的事件發生時，任何人均可提出秩序問題請主席立即處理，待處理完畢後再恢復繼續原議題。秩序問題如有人在場內爭執、發生肢體語言衝突，或其他足以影響全場與會者之權益者均可提出。

（4）規則問題

　　對於議題之討論時適用之議事規則有所質疑時，可以起身詢問會議規則，例如某項選舉之通過必須是投票數之2/3以上，而主席卻宣布1/2以上就通過等疑問均可提出，這時主席就會提請法規委員會或是祕書處，立刻根據規則查察清楚，而當下宣布何者為正確。

◆　**收回動議**

　　某人提出一項提案後若覺得不妥或是沒意義，則提案人在他人附議之前是可撤回提議的。但是一旦經他人附議已變成議題後，仍可以提出收回提案之要求，不過由於議題已成，所以即使要求收回也仍需要半數以上人同意才可通過。

會議中正確的用語

　　在正式國際會議或是與一般商務會議時，一律使用英文，不但是用英語，而且必須用正確的會議用語，否則不但溝通不良，連帶會使他人懷疑你是否曾經參加過國際會議。曾經有一國之外交官在會議上用英語發表演說，但是由於他的英文實在太差，所以其他人就消遣他請他說國際語言——英文、不要說法文，該官員則高聲力辯：「I am speaking English！」引起眾人一陣訕笑；接著又有人說道，就算你說的是英文，至少你在發言時也應該站立不應該坐著說吧？不料這位外交官又大聲辯道：「I am standing。」原來他身材短小，站立時看起來像坐著。這則笑語雖未言明是那一國之外交官，不過大家應該可以猜得出來吧？下列（P192-193）是在會議中之正確用語，就算英文程度不高，至少也應熟記以下文句，以利瞭解他人，也讓他人瞭解自己。

投票表決之由來

在會議中，為了清楚表達個人之意見，在經過討論、辯論之後，最後一定會來到表決。事實上，表決之舉是源自古代。根據記載，在古希臘時期，每遇有重大事件，所有公民均可參與公開之辯論會，最後再依據個人之決定投下贊成或是反對之票，而主其事者也必須依大眾之多數決定來依循執事，不過當初並沒有選票，人們所投之票其實是貝殼，一人發一個小貝殼，然後依正反兩方意思分別投在容器中，最後待所有人均投完票後再由工作人員計算兩個容器中的貝殼數，然後宣布結果。希臘人每遇重大事件時一定會依此進行投票，其中最有名的就是判定某一人犯了罪是否應該逐出國家，也就是著名的「貝殼流放制度」。

羅馬帝國延續希臘城邦之投票傳統，不過選票已由貝殼改為小圓球，共分黑白兩色。白色代表贊成；黑色表示反對，最後依黑白球之分別總數決定勝負，我們今天稱投票為 Ballot ，其實就是義大利文「小圓球」之意。投票除了可以用球來表示外，在一些鄉下地方由於物資較缺乏，所以用其他隨手可得的東西來代替，如美國鄉村投票時常用黃豆、玉米顆粒等來代替就是一例。

會議用語

- **大會**：大會叫 Assembly，其組織章程則是 Bylaws。
- **主席**：一般稱呼 Mr. Chairman，若是主席是女性，則應稱 Madame Chairman，也有人指稱 Chair 或是 Chairperson，這是指正式會議時之稱呼。若是在座談會（Panel）時之主持人則稱為 Modulator，因為該員只是會議的流程控制者，負責引導在場其他專家學者進行相關議題之討論與表達觀點。
- **控制時間者**：一般稱 Time-keeper，也就是在會議中控制會議每一階段時間者，如每一議題在議程上應該是占有多長時間，每一發言者可以有多少時間等等。
- **會議工作人員**：一般稱 Officer。
- **會議記錄**：Minute。
- **發言者**：Speaker。
- **議題**：會議的議題 New business、臨時議題 Other business、未完成的議題 Unfinished business。
- **提議**：Move，任何有發言權的人都可以Move。
- **附議**：某些 Move 要成立前一定要有人 Second（附議）才得以成立，否則就會 Die（不成立）。
- **贊成與反對**：以口頭表示時贊成者發聲Aye，也就是同意；反對者說No或Nay表示。
- **反對意見**：Objection，在議會中或法院中，常可聽見此一表達反對或抗議的字。
- **修正案**：對提案之內容做部分之修正叫做 Amendment。
- **被提名人**：Nominee這是法文，其重音落在最後一音節。
- **候選人名單**：叫做 Slate。
- **投票**：投 Cast 是動詞，選票叫做 Ballot。

· **計票人**：Teller，在投票現場維持投票秩序之工作人員，負責指導投票以及投完票後統計票數者。

· **有效票**：合乎規定之有效選票叫 Legal vote；反之，無效的廢票就是 Illegal ballot。

· **票數相同**：Tie vote，當正反兩方均投下相同票數時，稱為 Tie，這時主席可以投下自己之票以使議題過關或是失敗，在一般情形之下主席是不參加投票的。

· **投票及表決**：Vote。 Vote 有許多種，如投票、全場歡呼 Acclamation、舉手表決 Show of Hands、起立表決 Division of Assembly、唱名表決 Roll call、發聲表決 Voice vote 等。

· **表決結果**：表決通過為 Adopted 或Carried，沒通過為 Defeated，或 Passed 和 Failed 來代稱。

· **當選**：候選人 Nominee，選舉成功叫做 Elected。一般都在選舉完後立刻由 Teller 宣布結果(Teller's report)。

· **無限期**：Sine die 這是拉丁文，意思指無一定之效期；若指休會，則將一直休會直到有人召開下一次會議為止，這與一般常用的 Regular meeting 不同。後者是時間一到不管有沒有什麼大事都必須如期舉行。

· **散會**：Adjourn，散會也是動議，所以需要有人提出，也有他人附議，且只要過半數，立即生效。

第十三章
簡報禮儀與技巧

商務場合中我們常藉由其他活動的舉辦來使外賓與客戶注意到公司的產品與信念，尤其透過「簡報」說明，更是一種常用的方式。因此，成功的運用簡報說明能夠助我們事半功倍；反之，則會令他人對我們的印象大打折扣。眾人皆知簡報是一種說服的藝術，我們要說服聽眾接受我們的觀點，首先就得抓住觀眾的注意力，然後讓聽眾清楚地了解我們要傳達的訊息，引導聽眾同意我們的觀點，最後建立共識。在簡報說明的過程中如再展現出應有的禮儀，又能使聽眾感覺親近沒有距離感，而更易接受我們的觀點。以下就簡報時需注意的禮儀和技巧進行說明。

簡報的目的及種類

一份成功的簡報可歸納為內容、態度、聲音三部分。但是令人意外的是，根據一項統計資料說明，簡報成功的關鍵是主講者之態度，其次是聲音，最後才是簡報的內容。簡報最主要的目的是傳達訊息，所有的內容都應該輔助訊息的傳達，與此目標無關的，最好都別在簡報中出現。

一般來說簡報之種類可分為：業務簡報（營業額、預估產值、業務競爭分析）、公司背景簡報（給參觀者一些訊息）、新技術簡報、新產品簡報（新車、新書、新型產品、新代理權）、活動內容簡報（如旅遊、展覽、座談會、國際會議）等。

服裝與儀態

既然簡報成功的關鍵是主講者之態度與形象，我們就必須特別加以注意了。

◆ 主講者的服裝

（詳見本書第二章＜男士正式服裝＞和＜女士正式服裝＞）

◆ 簡報時之聲音

音量必需大小適中，如果有使用麥克風，則在簡報開始之前就必須測試完畢，務必使全場每一個角落均可以清楚聽見主講者之聲音。而講者則必須知道麥克風離口十公分之小技巧。說話之速度務必和緩、清晰，不妨運用聲調技巧如停頓、連續疑問、節奏快慢等吸引聽眾之注意。

◆ 簡報時之目光接觸

聽眾並非敵人，他們是來吸收新知或是獲得資訊的。因此不妨自然而然的與所有聽眾做目光接觸，讓他們知道講者時時在注意他們，增加彼此感覺之互動。請勿將目光一直停留在少數一兩位聽眾之身上，應該將目光自然投向所有參與者。

輔助動作

◆ 面帶微笑

簡報本就並非上課，主講者微笑的面孔與友善的語調一定是令人歡迎的，讓聽眾感受到聽簡報也是一件愉悅之事。但是也不要一直微笑，如果一位演講者從頭微笑到尾，會給人一種傻笑或做作的感覺。

◆ 手勢

善用手勢可以適度集中聽眾之注意焦點，但是不宜過多或是不必要之手勢。當然更不可沒事擠眉弄眼故做驚訝狀，台灣不少第四台電視之美麗主播就常用這一招表示專業，但其結果卻總是適得其反。

◆ 站立位置與姿勢

演講者最好不要一直站在同一位置，不妨在簡報過程中移換位置，但是也不可以一直不斷走動，如此將使聽眾分心，甚至引起厭煩。

◆ 習慣動作

演講者不可有習慣性之個人動作，如聳肩、搖頭、轉脖子、搔頭、摸耳……當然，站立之姿勢也須始終保持如一，如三七步、彎腰駝背、手插口袋內均會給人不夠專業之感。

聽眾的背景

最好能夠事先知道聽眾的基本背景，以提高簡報內容之適合度。如聽眾為什麼會來聽我們簡報，想從簡報中得到什麼？簡報內容能不能滿足聽眾的需求？前來聽簡報的人數總共有多少？對簡報主題的熟悉程度如何？聽眾的背景、教育程度、工作性質等同質性有多高？如果聽眾對簡報主題已經很熟悉，講者還一直重複眾人皆知的基本觀念，是會讓人很厭煩的；反之，如果聽眾對主題還相當陌生，而主講者滿口聽不懂的專有名詞、英文簡稱，雖然聽眾表面上點頭裝懂，卻是會讓聽眾充滿挫折感的。

簡報基本程式

◆ 出場前

主講者請提早到達會場，一方面讓主辦單位放心，一方面可以事先熟悉場地與設備。

◆ 出場時

受到邀請做簡報時，要先表達自己受邀是一件非常光榮的事，若有主持人時，也要請他先代為介紹。如果聽眾中有非常重要的VIP時，不妨加以致意表達禮貌。另外，如果可能盡量問候其他幾位聽眾，如此可以拉近自己與聽眾的距離，讓他人感覺好像是老朋友聚會一般。如果有助手隨行時，此時應一併向聽眾介紹。

◆ 吸引注意

不妨用個開場白吸引聽眾注意，可以用一個簡短的笑話，也可以用一些眾人尚不知的事實或數字，也有些人喜歡用一些懸疑的問題問現場聽眾，盡量建立與聽眾的關聯性，以引起聽眾的興趣與注意。

◆ 說明簡報內容

一般簡報之時間都不會太長，最多也不會超過三十分鐘。因此為達傳達訊息、說服聽眾之目的，要技巧的一再提到自己的結論，如開

場說明時、中間敘述時、最後結論時。有人戲稱此一技巧為「置入式行銷」，也就是如廣告詞般不斷重複再重複，直到所有聽眾都耳熟能詳為止。因此，開場說明時首要即是說明結果，清楚明白告訴聽眾你想讓他們獲得什麼；其次說明簡報之時間，再來就是說明發問之時間與方式。有些人喜歡聽眾隨時發問；也有人較中意簡報完成後再安排一些 Q&A 時間，如此可以提供聽眾一個完整的概念，尤其是當簡報時間較短時。

◆ 切入主題

　　此時便是「置入式行銷」的時機了。可以翻來覆去不斷提到與設定好之結論相關的數據、資料、其他證據等。可以運用視覺輔助器材 Visual aids，如 OHP 投影機、單槍投影機、幻燈機……等再加上曲線圖、橫條狀示意圖、直條狀示意圖、圓形百分比圖、流程圖、透視圖、平面圖等加強效果。需知圖的效果比表來的好，而表的效果又遠比文字敘述為佳，這是因為人類天生理解的方式不同之故。但是也必須注意的是圖表只要足夠輔助說明即可，太多不必要的圖表反而會讓聽眾眼花撩亂，模糊了簡報之主題。另外要記著隨時拉回主題，有些演講者舉了太多的例子，時間終了時才驚覺主題尚未說明清楚，如此對聽眾之說服力自然不足。

◆ 提問時間

　　主題說明完畢，傳達訊息、說服聽眾之目的已達成，此時就是Q&A時間了。當然有經驗的主講者可以再次利用回答聽眾問題的

機會，再次技巧地重複傳達訊息一番。比較棘手的是，如果聽眾問了一些比較複雜，難簡短解釋的問題時，可以大方告知會後十分樂意再詳細回答該問題。

另外比較難處理的就是聽眾問了自己不知道答案的問題，此時可以告知自己未研究此方面之問題，但仍表示感謝提問，並且會在最短的時間找出答案回覆之。有些老經驗的講者會將問題反問提問者，然後視其回答之情形簡短表達自己的看法；也有些人會當場請教其他聽眾，很有可能現場有人知道答案的。

◆ 總結及致謝

時間接近尾聲，此時再次傳達訊息一番，以加深聽眾之印象。然後感謝主辦單位以及最重要的「謝謝聽眾的參與」。

投影片內容

◆ 字體與標點符號

如果使用投影片，字體要大、行數要少！記住字體大，行數自然就少。還有，投影片的大小標題，盡量用粗體。另外字體應選用通用字型，因為也許簡報會場的電腦可能無法支援太過花俏的字體。投影片也可以說是一條條大、小標題的組合，所以不需出現標點符號，尤其是冒號和句點，均可省略，其他如引號、括弧等也最好避免出現，

以免增加畫面之混亂。

曾有一句話形容好的投影片簡報之內容：「有如著薄紗的美女，讓人想看看不到，想要要不到；似有若無，若隱若現……」

◆ 統計數字與資料來源

在簡報中引用統計數字時，投影片上宜以精確數字呈現，但講者在口述時，不要有如背書般讀出精確數字，使用近似值即可，因為近似值比較容易記憶。所有數字均須註明資料來源，一來表示我們的客觀，二來也彰顯我們尊重他人的智慧財產權。另外簡報必須提及：簡報會議名稱，演講之主題，演講者職稱、服務單位元、連絡方式以及相當重要之簡報日期。

事先練習

一旦確定簡報內容後，不妨先加以熟記，然後不斷練習直到有把握為止。也可以請同事或是好友當聽眾先模擬一遍，提供可以改進的地方，也可模擬一些聽眾可能提出的問題先找答案。這就是所謂成功簡報的 3P：Prepare（準備）、Plan（計畫）、Practice（練習）。

◆ 避免不斷向聽眾提問

千萬不要一直問聽眾：「你們懂不懂？會不會？知不知道？」聽眾是來學習吸收資訊的，本來就不可能知道太多，如此咄咄逼人之提問一定會讓人如坐針氈不好過，難免心中忐忑不安。

◆ 避免照本宣科

切記簡報是輔助我們傳達訊息，真正目的在傳達訊息，說服聽眾的是講者本身，所以不要照本宣科。如果我們只是照本宣科的話，聽眾一定會覺得無趣，如此可能會造成聽眾表情木納，氣氛凝重，需知簡報得靠主講者精采的演講才會成功。

準時結束

好的演講者要能控制時間，不要拖延，就算是簡報前因為某些原因有所耽擱，還是要盡可能依預定準時結束，給聽眾留下好印象，也方便主辦單位之安排下面程序。

簡報常用器材及視覺輔助器材

常用的器材

Platform	講台
Microphone	麥克風
Screen	銀幕
Outlet	插座
Plug	插頭
Extension cord	延長線
PDU / power distribution unit；Power strip	延長線
Notebook computer / Laptop computer	筆記型電腦
Epidiascope	實物投影機
LCD Projector	單槍投影機
OHP overhead projector	投影機
Overhead transparency	投影片
Slide projector	幻燈投影機
Slide	幻燈片
Pointer	指示棒,教鞭
Laser pointer	雷射筆
DVD player；DVD	放影機
VCR -video cassette recorder；VCD	錄放影機
Simultaneous Interpretation	同步翻譯
Ear phone / Head phone	耳機
White Board	白板
White Board pen	白板筆
Marker	奇異筆

Chalk	粉筆
Eraser	板擦
Gavel	議事槌
Flip chart	可翻頁掛圖
Globe	地球儀
World map	地圖
Fountain pen	鋼筆
Ballpoint pen	原子筆
Pencil	鉛筆
Mechanical pencil	自動鉛筆
Felt-tip pen	螢光筆
Correction fluid	修正液
Pencil sharpener	削鉛筆機
Binder paper	活頁紙
Notebook	筆記簿
Glue	膠水
Paper clip	迴紋針
Thumbtack	圖釘
Stapler	訂書機
Staple	訂書針
Coffeemaker	咖啡壺
Water cooler	飲水機

各種圖表及意識圖

Line graph	曲線圖
Dotted line	點狀線·····················
Broken line	斷續線 ---------------------
Solid line	實線 ————————————
Curve	曲線
Trend	趨勢，走勢
Describing trend	曲線解釋術語
Increase、Rise、Climb、Improve Pick up、Recover	上升
Soar、jump up、surge	急速上升
Stay the same、Stabilize、level off	保持穩定
Decrease、deteriorate、fall、decline、go down	下降
Drop、plunge	急速下降
Reach a peak、Reach a maximum	達到峰頂
Hit bottom、reach a low point	跌至谷底
Fluctuating 、Undulating line	不穩定的波狀線
Column graph	直條狀示意圖
Bar graph	橫條狀示意圖
Vertical axis	垂直軸
Pie chart	圓形百分比圖
Segments	百分比部分
Sectors	百分比部分
Black	黑色
White	白色
Shaded	灰色
Striped	斜紋狀

Dotted	點狀
Table graph	表格圖
Rows	列
Columns	欄
Figures	數字
Flow chart	流程圖
Plan	透視圖
Map	平面圖
Diagram	說明圖
Picture	照片

第十四章
手勢與肢體語言

語言是人類的重要溝通工具，但是除了語言，所謂的肢體語言在我們日常生活中也是無所不在。它不但豐富了語言的內涵，也常能加強人們傳達的意願，有時更能無聲勝有聲，巧妙地表達了訊息，並且留給對方更大的想像空間。

手勢漫談

　　以歐洲為例，義大利人是公認最善於肢體語言的，除了可歸功於羅馬文化乃源自希臘文明，而希臘文明又與戲劇關係密切，手勢與民族性、地域性也有著極其緊密的關係。

　　古希臘時代戲劇表演十分普及，可以說是居民生活的重要部分之一。每當夕陽西沈，夜幕降臨時，人群自然會往露天劇院聚集，沈醉於舞台上演員經由戲劇形式傳達之各種有關歷史、文學、神諭等資訊。而由於當時劇院為露天式而觀眾又相當多，所以除了以精巧的劇院設計，讓演員之聲音可以傳達至各個角落，也規定最多只准三名演員同時登台，其中正在說話的演員可用肢體語言加強表達，其餘台上演員只能站立原地，不得移動也不得動作，這是為了方便坐在遠處的

觀眾能夠認出到底是誰在說話。

　　古希臘戲劇之內容早已融入居民的日常生活之中，不論舞台上的話語（台詞）或是幫助表達的肢體語言都被大量引用，自然成為人們平日溝通的表達方式了。因此由希臘文化傳至希臘殖民地文化，再至羅馬文化。而羅馬文明藉由帝國的影響力又擴及至歐洲，以至中東、北非地區，但由於各個不同的民族性展現出不同的民族風俗，手勢之使用以及表達方式也就不相同了。例如，遠在歐洲西北地區的英國百姓就很少使用手勢，雖然英語融入了大量的外來語，詞彙豐富，但是手勢之使用似乎仍侷限於舞台上，以及英國國會當中，在這兩個地方，手勢是表演及表達本身的一部分。

　　一般而言，南歐地區的國家如義大利、西班牙、希臘等國之手勢運用頻繁而且誇張；中西歐國家如德國、英國、荷比盧等次之；而遠在北方的北歐諸國則又次之。因為他們幾乎不會使用手勢來表達任何的訊息。

　　以下是一些常見手勢。

◆ 豎大姆指，餘指握拳

　　大多數是表示自己說某句話或是某件事，也表示對對方之舉動感謝、感激他為你所做之事，也表示準備妥當。例如籃球比賽時裁判會一手執球一手豎大姆指，表示一切就緒比賽可進行了。這是源自飛機駕駛員在飛機待發升空時，由於引擎聲音巨大無法與地勤人員溝通，於是就用豎大姆指的方式表示 I am ready！（我已經

準備好了！）另一意義就是表達讚美或是尊敬，對著他人做此手勢時表示「你真行！做得好！」

◆ 豎中指餘指握拳

　　這已是一種世界性的汙穢語言了。其代表的意思就是×××，有些更粗魯之人會再加上 Fuck you！等三字經與手勢一起出現，在紅燈區等低俗的場所，常可見地痞無賴在爭執時，就是互相以這個手勢比來比去。

◆ 豎中指以及姆指、小指，餘兩指彎曲，並略為左右搖晃

　　這是男性欲與女性求歡時的表示。一男一女私處一室時，若男方認為時機成熟，即可用此一手勢向女方表達自己的心願。

◆ 豎大姆指，餘指握拳朝上，大姆指則朝向手體之右方

　　這是搭便車的世界共同語。有些更細心的搭便車者，會再用左手

拿一張欲前往地點之地名的紙卡，以方便好心人士不用開口就能知道搭車者的目的地。

◆ **食指撚面頰**

若用食指指向自己的太陽穴撚動，並以不屑眼光瞪向對方時，表達的意思是 Are you crazy？（你瘋了嗎？）這些手勢在歐洲的馬路上常可見到，例如說有行人在紅燈時闖越馬路，被迫緊急剎車的駕駛多會直覺以手勢表達。如此雖不用搖下車窗破口大罵，也可一樣辱罵對方。

另外，如果手指位置往下移至臉頰時，則代表了對女性的讚美，意思是「妳很迷人！妳很有吸引力！」

◆ **食指刮下巴**

以食指背刮下巴，有如刮鬍子一般，這是法國特有手勢，尤其是女性對不喜歡的追求者表示拒絕的表達，常可在咖啡廳見到法國美女，一面微笑一面以手指刮下巴的動作，迷人可愛，而追求者一見，也多會識趣的離開。這個動作原始意思就是會令人厭煩的，因為在法語中剃刀與厭煩同義，所以巧妙的以剃刀表達了自己不喜歡之意。

◆ **V字手勢**

這儼然已為世界語。此手勢源自於英國，因為「V」字在英文中代表了勝利 Victory ，所以以「V」向人表達勝利之歡欣意義。用

此手勢時需以手指背向自己；但在希臘則必須小心，如果「V」字手勢把手指背向對方，則就表示污辱、輕視對方之意。

◆ OK手勢

毫無疑的這也是世界語，以英文字母O與K連結而成，表示沒問題，準備妥當一切就緒，也有「我很好、沒事、謝謝你的關心」之意。但是在法國南部地區，OK手勢則表示「零」之意，表示某件事情不值一提，表示自己的不贊成。

在中東以及北非地區，如此手勢則象徵了孔或洞，有明顯同性戀的意涵。如果在酒吧等公共場所，有人向你示此手勢，大概就是同志之間尋找伴侶的手勢了，千萬不要回以豎大姆指的手勢，也不要以為他向你比OK，你也禮貌性的回以OK。

◆ 聳肩

此動作以美國人最流行，表示無能為力、莫可奈何，以及愛莫能助的意思。搭配瞪大眼睛，雙手一攤之附加動作，更為傳神。

◆ 姆指撚鼻尖

表示嘲笑、不相信之意，原本是兒童用的手勢，但也有不少成人使用。

◆ 右手小臂堅直朝上，大臂水平，同時握拳

當右手小臂堅直朝上，大臂水平，同時握拳時，另用左手手掌猛

拍右手大臂肌肉上，此手勢與豎中指是一樣的，只是更誇張與更明顯。

◆ **豎食指**

　　這是一種吸引人注意之手勢，可以說是英文 Excuse me！之意。所以在開會時，若有人舉手豎食指，即表示有意見要發表，這點與我國舉手手掌伸平朝向空中狀不一樣。在餐廳等公共場所召喚服務人員時，也可以使用此一手勢，但是不要加上打手指響聲，如此相當不禮貌。

◆ **吻五指指尖**

　　表示某個人，通常是女人，或是某件事，或是某樣食物很棒，很可口，親吻指尖時並發出聲音，加上誇張的面部表情。

◆ **飛吻**

　　飛吻之來源十分古老，據說最早源自希臘，希臘人在向天神祈福時，通常先會攤開雙手雙臂，臉朝向天空向神祈禱，之後再用飛吻之手勢拋給天上諸神，以表示喜歡、敬愛之意。後來在十六世紀時傳到了西班牙宮廷，

再傳至英法、義大利等國。在今天義大利南部拿玻里之「聖海倫節」時，會有裝盛聖血之聖瓶的遊行慶典，人山人海萬頭鑽動之際，距離聖血較遠處之信徒雖然無法伸手觸摸聖瓶，但也會以飛吻表達。

◆ 贊成

絕大多數的國家都是以點頭方式表示。但在印度、尼泊爾等國則以搖頭表示肯定，也就是一邊搖頭，一邊面露微笑表示贊成、肯定之意。有些人只是以斜著抬頭方式為之，有些人則真是口中頻頻說到 You are right！但卻一面不斷地搖頭，常令對方摸不清楚其真正的心意。由於搖得太厲害，所以有歐洲笑話戲稱：印度人用扇子搧風時，也是用扇子放在臉孔前不動，而不斷搖動頭部來納涼。

◆ 手指輕觸前額

這是源自脫帽向對方致敬之禮，以手觸右前額表示脫帽之準備動作，後來演變成即使沒有戴帽子，也以此動作表示「致敬」之意。

◆ 長角手勢

以食指、小指伸直，餘指握拳方式，表示「戴綠帽子」。當人們聊天時若剛好有某人配偶有了外遇，人們則以此手勢暗中揶揄之，消遣之，表示你已長角了！有些惡作劇者甚至會把動物角掛在別人的門口以戲弄之。另外有人在爭吵時，不甘受辱的一方也可以此雙角指向對方，表達自己的不滿與抗議，也有人把此手勢當作驅魔避邪的手印。例如在黑夜荒野中經過墳場時，即可以此手勢求得心安，遇見靈車經

過時也可以此手勢自保，以免被鬼魂附身或是犯了煞氣。

◆ 鈔票

我國國人或是華僑以手勢表示「鈔票」「錢」時，多會用拇指與食指圈成一個圈來表示，但是在歐美等國家則表示「OK」「沒問題」。歐美等國家以手勢表示「鈔票」「錢」時，多會用拇指與食指及中指互相摩擦兩、三次來表示。

身體語言之奧妙

人際關係互動時，從解讀身體語言得來的資訊，往往比話語還多。這些無聲的線索包括表情、眼神、姿態、手勢、聲音、距離等等。

我們的身體就像一個訊息傳送器，時時刻刻不自覺地傳遞人們的心情和狀態。語言通常用來表達正在思考的東西或概念，而非語言資訊往往反而較能傳遞真正的感受。因此，在解讀身體語言時，必須考慮當時的情形、彼此關係、文化背景等外部因素。

姿勢、表情和動作可以不經意洩露你的真實想法與個性。那些隱藏在身體語言中的情報可分為下列幾點：

接納：嘴角微笑、手掌攤開、雙眼直視。

配合：談話時，身體前傾，全身放鬆、雙手打開、手托下巴。

自信：下巴高抬，坐時上半身前傾、站立時抬頭挺胸、雙手背在身後、手插在口袋時露出大拇指。

緊張或不安：坐立不安、以手掩口、不斷手摸下巴、拉耳朵、扭動雙手、把錢幣、鑰匙弄得叮噹響。

挫折：呼吸急促、緊握雙手不放、撥弄頭髮、撫摸後頸、握拳。

防衛或不信任：雙臂交叉於胸前、偷瞄對方、斜視、摸鼻子、緊閉雙唇、緊縮下巴、眼睛看地上、雙手緊握、雙手交握放在後腦勺，整個人向後傾。

所以，如果您希望留給別人好的印象，就必須控制自己那些負面的肢體語言。說話時，對自己的手勢、姿態保持警覺，避免行為和言語出現矛盾，讓別人產生不信任甚至是敵意。此外，也要隨時注意對方身體發出的資訊，解讀他們真正的想法。

身體之整潔

衛生習慣的好壞不但牽涉個人身心健康，而且對於周遭的人均會產生立即與深遠的影響。換言之，一個人的個人衛生習慣將嚴重影響其人際關係，從而再決定其個人之發展。若此人是公司之代表，那該公司之客戶也必然隨該人之映射而對公司會有不同的看法。試想，一個光鮮亮麗、服裝儀容俱佳的人，與一個頭髮零亂、服裝邋遢且身體有異味的人，會給他人何種不同之感受？

所以應先瞭解自己的衛生習慣，一面注意良好的衛生習慣，另一面消除不良的生活習慣，並通過生活中的反覆提醒與注意，將這些內容納入生活的一部分。

◆ **身體的整潔**

※ 注意日常儀容的整潔，這些在與他人近距離接觸時都難逃法眼——現形。

※ 注意毛髮和皮膚的清潔，它們會影響個人的外表儀態，如頭髮是否油膩、失型？手部是否清潔乾淨？

※ 注意眼、耳、口、鼻的清潔，如眼屎、耳垢（尤其耳後）、鼻毛外露，指甲過長，藏汙納垢？

※ 保持口腔和牙齒的衛生，早晚刷牙，定期檢查。口腔清潔尤其重要，因為沒有人願意和口氣難聞的人談話。所以，若是有約會時應避免食用大蒜、酒精飲料等，否則也應餐後刷牙並用漱口水。還有，食物食用二十分鐘後就會開始發酵分解，若口腔中有殘餘物，亦會產生異味，因此可用牙籤或是牙間刷來清潔齒縫，避免異味散發。

◆ **良好的生活習慣**

※ 經常保持適度運動的習慣，可以增強體力、呼吸和肌肉運動的能力，對個人健康大有好處，讓人精神奕奕充滿朝氣。

※ 充分的睡眠與休息可以調整身體機能，適時補充能量以防身心過勞。

※ 除了保持個人日常衛生，勤洗澡、勤洗手、勤換衣服（內衣、襪子、領帶）也是相當重要。

握手、親吻與擁抱

現今社會中最普遍之友善互動非握手莫屬了。握手乃基於雙方之自然意願產生，不可強求。原則上女士、長者、大人物應先伸出手表示友善，另外一方此時才可以伸手互握，時間則以一秒鐘為妥，不可一直握著對方的手不放，力量須適中，過重讓人不舒服、力量太輕則有應付對方之嫌疑。其實只要稍微注意別人怎麼握就可以很快明瞭。當然也不可以用雙手去握對方的單手，看起來也會讓人感覺十分怪異。但是若是主人或是長者為了表示友善或是非常歡迎時，是可以以此方式為之。

男士若戴手套須先將要握手的那一隻手套取下，待握完手後再戴上方才合禮。女士則不在此限，儘管戴著手套和他人（不論是男人還是女人）握手均無妨。

◆ 親吻

　　據說親吻禮起源於羅馬帝國時代，當時的社會流行飲酒，丈夫出外工作返家，會先聞一下妻子的嘴巴，看看是否有偷喝家中之酒，久而久之，這就變成妻子會以吻來歡迎丈夫返家，是親吻禮的由來。

　　在中東、南歐等國家，目前仍盛行吻禮，不過只是吻臉頰，有吻單頰，也有吻雙頰，也有吻完雙頰再面對面空吻的，不但女性互吻，男士間也行吻頰禮，男士與女士間也一樣互相行吻禮。吻時互相擁抱，多以右頰互貼，口中發出吻之聲音（也有不發出聲音的），同時可以雙手輕拍對方之背部表示熱忱。一般而言，如果是一男一女時，如果女方未先作表示，則不可冒然對女性強行吻禮，否則就顯得唐突。

◆ 擁抱

　　東方人並不習慣以擁抱為禮，尤其是兩個大男人抱在一起成何體統？但是西方人則樂此不疲，像是女人抱女人，女人抱男人，男人見面時也抱來抱去，這是自然而然的事。

　　擁抱時面露微笑，一面問候對方、一面把對方輕輕一抱，有些還會再擁抱時輕拍對方的後背表示親熱。老實說，如果前來擁抱者是個金髮美女也就罷了，但如果是位滿臉絡腮鬍的壯漢，那還真是尷尬。還好，擁抱禮一般僅限於舊識見面時為之，否則若如握手一般頻繁，那可就讓人憂心了。

強吻也算國際禮儀？

目前報載有一名男士在便利商店購物時，竟然趁四下無人時強行擁吻女店員兩分鐘之久，女店員一怒告到法院，沒想到最後法官竟然判決：吻禮是國際禮儀之一種，因此該男子並不違法。消息一出立刻引起熱烈討論，不少人認為，如此就可以在任何地方想吻誰就吻誰了嗎？如果該法官之妻子女兒等也被其他陌生男子如此「國際禮儀」一番，不知他心中作何感想？

事實上該事件完全與國際禮儀無關，因為：

1. 吻禮指的是吻頰、吻手之類短暫、禮貌性的吻，而不是擁抱兩分鐘、口對口的法式熱吻。

2. 吻禮應由女性主動表示，男性方才可以被動配合以免失禮。

3. 雙方並不認識，且未經他人介紹，因此無論場合或是情況，均不符合吻禮之基本要求。

希望下次法官在判決類似案件時，萬不可閉門造車，自以為是，否則此類笑話將層出不窮。

附錄

世界宗教禮俗

基督教（Christianity）

◆ 喀爾文教派（Calvinists）

西元1509年，法國人喀爾文（Calvin，1509-1564年）出生，求學階段先在巴黎、葉爾良等地研讀哲學、法律以及人文主義，1533年宣稱突然「頓悟」（Sudden confession）而放棄信仰天主教，並開始著作《基督教會的組織》一書，幾經修訂之後，此書成為日後喀爾文教派之神學理論。

1536年，他抵達瑞士的日內瓦來推銷自己的思想，並想在此建立自己的神權統治，但是卻為當地之舊勢力所不容，1538年終被迫離去。1541年喀爾文再度返回日內瓦擔任首席牧師之神職，從此完全控制了該區，一直到1564年去世為止。喀爾文教派有以下之特點。

1. 人生之目的在於榮耀上帝而非為了拯救自己。

2. 恪遵安息日，依舊約聖經之規定，安息日不准工作，也不准有任何娛樂。

3. 不承認主教制度，認為宗教事務應自治，由信徒與牧師共同組成長老會以主持教務。

4. 崇拜上帝時非常嚴肅，嚴禁一切色彩、燭光、音樂、薰香、鐘聲等，只有證道與誦經聲。

5. 日常生活十分嚴肅，不准跳舞、玩牌、觀劇、任何有姦淫、巫術、異端色彩的事，甚至連旅客在旅館用餐時，旅館主人都必須監視其客人必得先謝飯後才准飲食。

喀爾文教派因為有了指標性的作用，許多其他地區的改革者均前往朝聖並且學習，因此其教派發展迅速，例如約翰諾克斯傳往蘇格蘭後就成了「長老會」（Presbyterian），也傳入英格蘭，被稱為清教徒（Puritans）。而部分人搭乘「五月花號」帆船前往美國東部，即成為美國名義上的始祖；而在法國西南部則稱為於根諾教派 Huguenots。

◆ 英國聖公會（Anglican Church）

聖公會的出現，是源自政治問題並非宗教，而聖公會之組織與敬神禮拜則是一種妥協而非創新。英國國王亨利八世在1509年與西班牙公主凱撒琳結婚後，生下五個子女，但均早夭，只餘一女瑪莉（即日後成為女王的血腥瑪莉女王），亨利急欲再婚以得一男繼承王位，但是羅馬天主教向來反對離婚，又不願得罪西班牙皇室，所以採拖延方式擱置，亨利請人催促一直不得要領，因此與羅馬教廷漸行漸遠，終於導致決裂。

1533年，英王亨利任命克蘭姆為英國教會地位最崇高的坎特伯里大主教，五月就宣布亨利國王之原有婚姻無效，六月就主持了亨利與宮女寶琳之婚禮，七月羅馬教廷終於開除亨利的天主教籍。亨利八世一不做二不休，宣布英國國王才是教會唯一的最高統領，所有臣民一律只能服從他而反教皇，違者一律處死，其大臣湯瑪士摩爾即因此而被斬首，電影《良相佐國》敘述的就是此一歷史。此外他又沒收原來教會及教士的土地及財產，轉分配給其部下、貴族，他們因此全力支持亨利之政策。

從此以後，雖經「血腥瑪莉」之焚殺新教徒（她以異端罪名焚燒新教徒288人，因此得惡名「血腥瑪莉」，諷其雙手沾滿了鮮血），但是在伊麗莎白一世繼位之後，英國國教之地位已是完全穩固了，又因為伊麗莎白是亨利與宮女寶琳所生之女，若依羅馬教廷之認定，她即是無效婚姻之私生女，所以無論如何，她是絕對不可能重新回到天主教去的。而英國國教有如下之特點。

1. 以英語代替拉丁語祈禱禮神。

2. 教士可以結婚，如新教徒之牧師一般，反對崇拜聖徒。

3. 組織上類似路德教派，沒有大主教及主教。

4. 仍設有教會法庭，主管教徒的婚姻、遺囑，並保有十一捐，只把修道院取消。

橫眉冷對千夫指——馬丁路德

西元1517年的萬聖節，瓦騰堡大學教授馬丁路德（Martin Luther，1483-1546年）公開宣布了他著名的《95條論綱》（Ninety-Five Theses），以反駁羅馬天主教為了斂財所推行的贖罪券（The selling of Indulgences），《95條論綱》歸納起來共分三大項。

1. 羅馬教皇不但不了解民間疾苦，還濫用權力推銷贖罪券，搜刮民膏民脂以興建聖彼得大教堂。

2. 教皇所掌理者為人世間之世，並無權力使其在靈間煉獄中脫離苦海；就算教皇有此神力也不應以贖罪券方式來向教徒收費。

3. 教會真正的寶藏在於聖經上的福音，而並非在於聖徒以聖行累積的聖徒功庫。而所謂的聖徒功庫就是藉以前諸聖徒所累積之聖功，經由教會賣給犯了罪的信徒，以及信徒已逝去的親友。而聖功可以累積可以儲存，十分類似中央銀行印製鈔票的準備基金。

馬丁路德並宣稱：只相信聖德是唯一的信仰，而否定教皇和宗教會議之權威。此言一出立即獲得許多人的支持，且正逢神聖羅馬帝國選舉之時，羅馬教皇正想要藉重日爾曼帝國腓特列國王之力，也就是路德的保護者，因此將處分路德之事延宕了近3年。

西元1520年6月，羅馬教皇才發令諭，命令路德在六十天內公開認罪，路德因此被捕，並在同年冬季被押至沃斯審判。但是他在宗教會議上並不認罪，再度公開宣稱：「除非聖經和我的理性可以證明我的謬誤，否則我不放棄我的信仰。我的良心只相信上帝的話語，我反對教皇以及宗教會議之權威，因為他們彼此互相矛盾，求上帝幫助我，阿門！」

◆ 再洗禮派（Anabaptist）

　　源自德國南部，初始流行於農民、工人以及窮人之中，他們認為天主教在嬰兒時所給予的洗禮是荒謬且無效的。因為幼小的嬰兒根本不解世事，洗禮是沒有

　　羅馬教皇於是下達罰令，並且拘押了路德，但是腓特烈國王卻派人秘密地劫走路德，不久路德化妝成貴族的隨從潛進瓦特堡，藏身達一年之久。此時他利用時間把聖經新約的希臘文翻譯成為德文版本，此版本通俗流暢，立刻贏得德語系國家之極大歡迎，也為基督教之推展奠下了重要的基礎。

　　馬丁路德反教皇斂財之事一出，宗教革命也正式展開，但是卻又因為政治因素讓它變得更為複雜化。有些國家之國王可能是羅馬教皇的擁護者，卻又與日爾曼帝國結盟交好，所以並不認真依教皇之令圍剿路德；有些領主或貴族雖然心中支持宗教改革，但是為了自身的政治和經濟考慮，僅在表面支持教皇之赦令。

　　在德國境內，路德學說影響日漸普及，更藉由1522年之武士戰爭（Knight's war）與1524年之農民暴亂（Peasant's rebellion）使其信徒大增，地位也日益穩固。神聖羅馬帝國對於路德教派之法律地位通常含混帶過，直至查理五世繼位，才採取了比較嚴厲的措施，因此也造成了路德派侯選人之抗議（Protest），從此基督教徒就被冠以Protestant（抗議者）之稱了。日後基督教之演變由於各地風俗民情不一，而解釋聖經之內容有異，所以有許多教派及分支，雖統稱基督教徒，但其做禮拜的方式與中心思想卻差異頗大，現僅舉例其中較知名者論述。

意義的，因此成人後必須再度接受洗禮才正確，後來演變成只要成年時洗禮一次即可，實無必要再洗一次。

十六世紀宗教改革的初期，從瑞士的蘇黎世（Zurich）開始，發起了一種「再洗禮教派運動」（Anabaptist movement），算是新教的一支，同樣是源自對舊教會腐敗之不滿。所謂 Anabaptist 這個名詞指的是這些人主張宗教洗禮應在成年後施行，因為洗禮的本質應當是一種發自內心的自願的信仰告白。他們最主要的不滿來自國家對宗教的控制，認為國家政治是教會腐敗的源頭，因此強烈主張政教分離。

他們主張聖經的舊約及啟示錄的教誨，反對教士，應服膺個人良心的判斷；信徒應追隨內在之光的指引以敬拜上帝。其敬神方式非常特別：高聲叫喊、手舞足蹈、高歌、神情語氣激動的講道等，非常激烈的肢體語言，所以一向為天主教、路德教派等所厭惡與排斥，甚至頻遭迫害。他們認為教會應是一神聖之共用共有之社團，個人不應有私人財產，反對政府、反對服兵役、反對宣誓，不准說謊、貪婪、姦淫、飲酒。

◆ 門諾教派（Mennonite）

由荷蘭人門諾賽門（M. Simons，1496-1559）所創建，為比較保守的再洗禮派與瑞士的兄弟會。主張新生活，而不注重神學學問以及教條之研究。所謂新生活即是一切衣食住行均由所有信徒一起合力完成，否則不享不用，所以其每日飲食、身著之服、所居之屋，以至馬車一律自給自足，有些嚴守教義者至今仍然是布衣粗食，不用汽車而是乘馬車，不用電器（包括電燈），可以說是現代社會中的古代人民，非常特殊，電影《證人》中男主角被迫逃亡之後就是匿身於門諾教派中之一支艾密許教派（Amish），其族人黑衣黑帽嚴謹而樸素的生活可謂異數。

門諾教派傳至美國東部而有了艾密許教派，傳至加拿大多倫多附近的聖約伯，而又成一獨立的社區；周末時他們向慕名前來的遊客出售麵包、果汁以及手工藝品以貼補家用，值得一遊。門諾教派反對戰爭、反對宣誓、反對洗禮等，但是只是消極的不參與，可以說是典型的不抵抗主義者。

婚禮習俗考

在婚禮時我們常看見一對新人互相把戒指套在對方的手指上，以示終生不渝、白頭偕白，這種習俗源自古埃及時代，因為當時的人相信中指的血管直接連接到心臟，所以可以藉由中指的控制永不異心，而且戒指千萬不能斷裂，否則就會有大禍臨頭。

新娘的面紗則源自古希臘羅馬時期，並不是為了替新娘遮羞，而是避免讓新郎的情敵看見了半途搶親，所以直到神父宣布新人已是合法的夫妻後，方可揭開面紗，這時就算情敵看到為時晚矣！

至於婚禮切蛋糕的習俗也是源自古羅馬，賓客們在新娘的頭頂上方撕開麵包，然後讓他們把麵包碎塊帶回家去，以求新人的子孫興旺，綿延不絕。

另外，婚禮中可以看見親友向新人頭上撒米粒和五彩紙，以求新人一輩子衣食無虞、順利平安，這則是源自古希臘時代，不過那時候不用米、也不用紙，他們用的是碎甜肉！

◆ 會眾派（Congregation）

為英國國教教士羅伯布朗所創建，日後的獨立教派以及公理會（Congregationalists）均受其影響而成立，影響非常深遠。由於布朗反對英國的妥協精神，所以與信教徒合組會眾派，彼此互訂盟約以避免與邪惡之人往來，教會之主權應在各地之教會手上，而非由教宗或主教主理，而應由各地教會經由民主方式選出牧師以傳達並掌管教務。新教雖說教派林立各有一套神學理論，但是一般來說均有以下特點。

1. 拒絕羅馬教廷之權威性。

2. 不承認神職人員之神聖性與超自然之說，教士也是凡人，所以可以享有凡人之一切正常生活，包括婚姻；沒有修士、修女以及苦行僧等。

3. 以各教派之母語代替羅馬教廷之拉丁文來祈禱、敬神。

4. 簡化繁複之聖禮，只保留洗禮以及聖餐禮，不再崇拜聖徒，也不再前往

聖地朝聖。

　　5. 聖經為各教派之唯一信仰來源，可自行解釋聖經內容。

　　6. 反對煉獄之說，更反對贖罪券之價值。

天主教（Roman Catholic）

天主教，又稱舊教、羅馬公會（Roman Catholic）是世界上信仰人數最多，歷史也最悠久的教派。目前共有約六億的信徒，天主教以嚴密的組織，一致的禮儀、教義，以及重視教育的傳統而著稱。

　　天主教起源自耶穌時代，以中東地區之中下階層百姓為主要成員，耶穌被釘十字架而死後，其信徒雖有短暫的挫折與潰散，但不久以後由於逃避羅馬帝國之迫害而遷徙至歐洲各地，反而迅速的擴散了傳教之地區，信徒前仆後繼視死如歸的宣教精神，使得許多人，包含羅馬帝國的富人甚至官員都接受了基督教，至西元313年時，羅馬帝國之君士坦丁大帝頒布「米蘭赦令」，公開宣布基督教為合法之宗教，至該世紀末，基督教已成為羅馬帝國之國教。

　　天主教於十六世紀時雖受馬丁路德宗教改革之影響，而使其在歐洲之力量大減，現在只有法國、西班牙、義大利等以及東歐部分國家為天主教國家，但是由於許多歐洲人移民往中南美洲，而使得天主教得以在大西洋彼端開花結果，成為最大的信仰人口，至今不衰。

　　天主教自認為其創教者為耶穌基督，耶穌任命弟子彼得為教會領袖，而後世的教宗就是彼得之指定繼承人，再由教宗任命各地天主教領袖為樞機主教，樞機主教為當地之最高位領導者，並有選舉教宗之權力。在中古時期的歐洲，其地位等於教宗分封各地的國王，權勢之大連真正的國王也對其敬畏三分。當然如此絕對權威下造成天主教內部之墮落與腐化是必然的，有些教宗及樞機主教之行為極其低劣，甚至與魔鬼相

去不遠，酒氣財色無一不沾，也因此造成信徒大量流失，但經過改革運動後，其階級體制已趨合理化，教宗及其他領導者也多潔身自愛，均能贏得信徒之敬仰。

天主教之特點是有七項聖禮制度，即洗禮、堅振、領聖體、告解、終勢、受聖職以及婚禮，均有一定的程式以及儀式和經文。新教認為太過繁雜所以只保留洗禮及聖體，其餘均廢除；而天主教則堅持這七聖禮，並稱這是起用自耶穌基督本人，不可言廢。

由於宗教權力極大，於是常與各國之君王發生衝突，衝突之起因有時是因政治，有時則為經濟因素。例如十三世紀時英法正處激戰之時，雙方國王乃宣布教士也必須向國王納稅以充實國庫，但是教宗龐尼非斯卻發給法國國王菲力普四世最後通牒，法王一怒竟派人遠赴義大利逮捕教宗，後雖被信徒救出，但遭此奇恥大辱，不到一個月就回到上帝之處去了。

還有，自從十四世紀初年出現了法國籍的教皇後，在總數二十八名的樞機主教中，竟然有二十五人是法國籍，也因此可以說是呼風喚雨，無所不能。不但如此，又將教會由羅馬遷往法國隆河下游的亞維農，而且接連選出之教宗各個都是法國人，一直到1377年返回羅馬為止，共待了六十八年之久，教會史稱之為「巴比倫幽居」。

「巴比倫幽居」後不久，發生了「大分裂」，原因是義大利人相當不滿歷屆教宗均為法國人所把持，激烈要求新任教宗必須是義大利人。法國藉之樞機主教在倉促間選出了義大利人烏爾六世，但發現其不願為傀儡，於是相當後悔，宣稱這是在暴民脅迫下所為，當屬無效。又另選了一個法國人克萊門七世為教宗，並再度返回亞維農，於是世界上同時有了兩個教宗以及兩個主教團，是為大分裂。

大分裂還不夠離譜，西元1409年比薩會議為了解決大分裂的問題，於是同時罷免了羅馬與亞維農之兩個教宗，另又立了一位新的教宗，但是兩位前任教宗均拒絕退位，於是雙胞案又成了三胞案；不得已，神聖羅馬帝國之國王只有再召開康士坦丁大會，宣布三位教宗均屬非法必須同時引退，另外再選出馬丁五世為新任教宗，大分裂至此方告落幕。

但是馬丁五世當選後竟然宣布康士坦丁大會解散，並否決其所有決議，以免大會因權力大過教宗而可以決定教宗的人選，從此以後又開始了漫長的教皇與大會的鬥爭史。此外教令常以異端來虐殺宗教改革者，例如布拉畢大學徒教授約翰胡斯案就是一例，他主張聖經才是信徒最高信仰之依據與根本，反對教會在世俗之權力，被教會判為異端而逮捕下獄，最後施以火刑而死。

　　異端演變所及又產生了巫術，凡與巫術沾上一點邊的人都必須處以火刑，例如聖女貞德，就被誣控為女巫而處火刑焚死，其間有多少誣告被陷不可清數，無數的善良百姓就在土豪劣紳與教會的勾結下成為犧牲品，家破人亡之百姓對於教會當然是恨之入骨，這也是為何新教一出就有許多人立刻唾棄天主教之緣故了。

　　另外，天主教徒有下列特有聖物：

◆ 念珠

　　為一串珠子以細繩串成，末端附有十字架，有些十字架上有基督像，念珠的功用主要是在念經文時計算次數而用。

◆ 十字架

　　天主教徒聖化十字架，一般十字架必置於教堂最明顯之處，其上多有耶穌釘十字架之像，以示耶穌為了救世人而犧牲自己的事蹟永誌不渝。

◆ 聖母瑪利亞

　　只有天主教徒才拜瑪利亞，他們認為瑪利亞對耶穌一生之事蹟貢獻良多，所有信徒都堅信瑪利亞在懷孕時以及生產時，甚至到死都是處子之身，她在天主教中享有極高之地位。

◆ 聖物

　　可能是一個小聖徒像，也可能是耶穌畫像墜子。教徒認為這是上帝之祝福，有些人配戴以後終身不取下來，甚至帶進了墳墓，每遇祈禱時或是人生大事時均會執之虔

誠祈禱，以求神的庇護，並得到好運。

　　1962年以前，婦女在望彌撒時須以頭巾覆首，但目前已放寬。神職人員一律穿戴特殊之聖袍及配件以舉行宗教之儀式，並可由其顏色以及式樣分辨出其在教會中之地位高低。天主教徒一般會在聖慶日以及耶穌受難日舉行禁食，有些人是完全禁食，只喝水；有些則只吃一餐。此外有些教徒在每周五都不吃肉類食品，以紀念耶穌是在周五被釘在十字架的。禁食之年齡都是由十四歲以至五十九歲，之前或之後就無此禁忌了。

◆ 出生

　　天主教認為嬰兒之洗禮是將其置於上帝之懷抱中，所以非常重要。洗禮可以是一名或是多名嬰兒一起受洗，父母親並宣誓會以教會之禮扶養其嬰兒。如果嬰兒未接受洗禮，死後會被置於地獄之邊緣地帶，叫做「林波」。

◆ 婚姻

　　天主教非常重視婚姻，堅決反對離婚以及墮胎，因為生命乃上帝所賜，凡人是不得決定其生與死的。希望教徒能與教徒婚配，如果配偶是異教徒，則其子女也要設法使其成為天主教徒。

◆ 葬禮

　　天主教徒認為，死並不是可怕的事，只不過是信徒又回到上帝的身邊，因此不用哀傷。其埋葬方式依各地之風俗習慣有所不同，一般都會有祝禱文、聖詩等以祝福死者早日升天，而家屬並不用難過，因為逝者會在天堂等待其家人。

◆ 聖物崇拜

　　在天主教國家以及東正教國家，普遍會有聖人、聖物崇拜情節，雖說教徒相信唯一的上帝，但是似乎多幾位聖人與天使也是蠻好的事情。除了受洗，每個人

會有一位自己的保護神（Guardian angel），每一個城市、國家也會各有主神來保護，這似乎是由希臘時代流傳下來的傳統，例如說雅典城之保護神就是戰神雅典娜；今日如威尼斯之守護神就是聖馬可，其化身形狀是一隻長有翅膀的獅子；羅馬之守護神自然是聖彼得了，他最容易認，因為耶穌把進入天國的鑰匙親手交給了他，所以只有他手中執有一隻大鑰匙。每年一到了守護城的聖日，全城為之瘋狂慶祝個好幾天，日夜不停。

至於聖物崇拜就更有趣了，照道理說既是唯一真神信仰教派，本不應如此迷信才是，但是也許是人類天生的本性吧，不管是真的還是假的聖物，只要一出現必引起百姓極大的注目，甚至有人為了得到聖物，傾舉家之資，甚至是個人之性命，也是必得之而後已，如「朗吉努斯之矛」以及「布魯日聖血教堂」就是其中極有名的例子。

東正教（Orthodox）

國人對於東正教之認知可說是相當貧乏的，大多數的人可能弄不清楚東正教，與希臘正教、俄羅斯正教之間有何關係，又為何會有東正教的出現。

正教（Orthodox），指正統的教義，原來是用於任何教派團體中堅持古訓，不修正、不妥協之稱。各種宗教、政治團體都會有正統派、修正派；而無論是誰都堅稱自己才是正統派，其他的人則是修正派，所以猶太教派中也會有所謂正統派，即是至今之生活、飲食、禮拜等一切仍遵循古禮。每日禮拜、嚴遵飲食禁忌、教堂男女分開坐、禮拜時不用任何樂器伴奏，凡此種種均可稱為正統派。

多年以前，中國大陸與前蘇聯泰生齟齬時，雙方均自稱是正統派的共產主義者，蘇聯由於是共產黨的發祥地，當然認為自己的所作所為才是正統；中國大陸則認為蘇聯已暗中做了許多基本與原則精神上的改變，所以稱蘇聯為「蘇修」，即「蘇聯修正主義」，言下充滿輕視之意。

「正教」自稱淵遠流長，可追溯自聖徒保羅起，他在希臘首創正教；聖彼得則在安提克創立安提阿正教，可見其正統的地位是無庸置疑的。而羅馬天主教是在西元五世紀時被正式承認的，晚了足足四百年！正教有不少分支，如希臘正教、安提阿正教、俄羅斯正教、塞爾維亞正教、保加利亞正教、羅馬尼亞正教等，每一正教均設有一名大主教，而希臘正教與這些不同國家之正教合稱為「東正教」，也就是「東歐正教」之統稱，所以在不同國家旅行時不宜只稱其為「希臘正教」，應稱為「保加利亞正教」等較為妥當。

事實上，自從羅馬帝國一分為東、西羅馬帝國，而又分君士坦丁堡（今伊斯坦堡）與羅馬為大本營後，雙方之爭執與衝突就沒有停止過，最有名的例子就是

選教宗

天主教是一種世界性的宗教組織，不但歷史悠久，而且有許多的典章制度都是源自古代而流傳至今，其中最具代表性的就是選教宗了。

教宗在天主教信徒的眼中，就是上帝在塵世間的代言人，其崇高的地位甚至超過帝王，而且又屬終身職，所以想當教宗的人可以說是大有人在，也因此教宗的選舉就必須謹慎小心而且祕密，以防止有心人士藉機操作。教宗選舉的投票室內不准任何外人在場，也絕對沒有照相機、攝影機之類的採訪設備，室內完全密閉、隔絕與外界所有的聯繫。

只有紅衣主教才有資格投票產生新的教宗，必須是在場人數的三分之二，再加上一票以上的票數才算當選，否則就得把選票和潮溼的麥稈混在一起，丟入壁爐中燒掉，外面的群眾一看煙囪冒出黑煙，就知道選舉還沒有結果。但是如果有某一位候選人真正當選了，就會把所有選票混合乾的麥稈一起焚燒，煙囪就會冒出白煙，這時在聖彼得大教堂外守候多日的信徒和媒體記者就會高聲歡呼：「白煙！白煙！教宗萬歲！教宗萬歲！」教宗正式當選後，會得到極其權威的教宗指環，就憑著這一枚小小的戒指，成為全世界六億天主教徒新的精神領袖，並成為財富驚人的梵蒂岡國之大權在握者。

布魯日聖血教堂

布魯日位於比利時首都布魯塞爾西方約100公里處。自古以來由於地理位置的關係，商業發達轉口貿易十分興盛，但是後來由於港口淤塞，終於由絢爛走向平淡，但也因此將許多中古世紀時的建築以及風俗習慣保留了下來，所以有「歐洲最美的中世紀小城」之稱。

今天我們漫步布魯日街頭，除了紅牆紅瓦、古色古香的街道外，到處可見沿著運河栽種的巨大垂柳，迎風遙擺，煞是好看，偶見白天鵝優游河上，戲水覓食，更是如詩一般的唯美。在眾多古蹟當中，以聖血教堂最傳奇，也最為有名。

相傳在西元1148年的12月25日，耶路撒冷的長老Fucher贈送給布魯日市長Baldwin三世一項非常珍貴的禮物：耶穌被釘十字架時染有聖血的一小塊布。這塊聖布被放在一根水晶管中，兩端以黃金和蠟封死，並以各色寶石裝飾，精緻華麗，可謂是鎮市之寶。更傳奇的，聖血每年的某一日會自動液化，信徒深信是耶穌顯靈。

但此傳奇在十五世紀後就不再發生了，可是由西元1405年起，每年在布魯日仍然會舉行相當盛大的聖血大遊行，以真人假扮耶穌以及聖徒，紀念耶穌被釘十字架及昇天的古老故事，節慶場面十分熱鬧且服裝道具全依古禮而製，不但萬人空巷，而且吸引了許多世界各地的遊客同赴盛會，可以說是布魯日最重要的慶典。

聖物之種類繁多，舉凡聖人之骨骸、遺物，都是很好的聖物，如與耶穌有關的十字架鐵釘、木塊、或是其所穿之衣袍、所流之聖血更是身價萬倍。有人嘲笑說：就目前世上所發現之聖十字架之木塊與鐵釘集在一起的話，已夠蓋一間巨宅還用不完呢！而聖物除了可供信徒朝拜以及觸摸外，還可以顯靈為人治百病，甚至盲人從此看得見，跛子立刻把拐杖給丟掉了，聾子馬上可以與人交談。不信嗎？在加拿大之蒙特婁就有一間教堂，其中「展示」了許多的拐杖，正是聖物顯靈時替信徒治病之鐵證！當然如果出土的東西是其他地方也有的，就得爭取信徒，甚至還得互相指控。其目的說穿了不過是來的信徒愈多，所捐之奉獻自然也就愈豐厚，所以在發現聖物時免不了要以聖徒托夢、顯靈等方式來增加自己的說服力以及信徒的信心。

西元1204年十字軍東征時，在羅馬教廷的授意下，十字軍竟然東征到君士坦丁堡去了，城破之後燒殺劫掠，全城珍寶被洗劫一空，很多人難以相信高舉收復失地大旗，向回教徒宣戰的神聖十字軍，竟然會對同一信仰的東羅馬帝國下毒手！

以下是東正教地區一般日常生活民情略有相異的儀式。

1. 非教徒可以入禮拜堂參加儀式，但是不准接受聖餅以及聖酒禮。

2. 東正教聖職人員以及婦女都在禮拜時必須以頭巾覆頭，男人則可免。

3. 神父大都蓄有長鬍鬚，頭髮也不得剪，可以盤在頭頂上，禮拜時會穿上極為華麗之神袍。

朗吉努斯之矛 （The Spear of Longinus）

耶穌被釘上十字架死之後，有一位名叫朗吉努斯的羅馬帝國百夫長，他為了測試耶穌是否真的死了，於是用長矛刺入他的腋下，結果水與血立刻流了出來。耶穌遺體也被人由十字架上取下安葬在墓穴中，而於三天之後不翼而飛，據說是回到上帝身邊去了。

刺入耶穌身體的長矛由於接觸過聖體，因而具有法力從此被叫做「朗吉努斯之矛」。傳說任何人只要擁有此矛，一定可以掌握極大權力，非常靈異。例如說君士坦丁大帝、查理曼大帝以及神聖羅馬帝國的腓特烈一世，均靠此矛才得以君臨天下，而一但失去它則王位不得。

希特勒也是此矛的崇拜者，視它為「命運之矛」，1938年他兼併了奧地利後立刻派親信警衛，森嚴的把矛由維也納送到了紐倫堡的某一祕密的教堂中，教堂也被視為納粹聖地，任何人均不得進入，隨著戰事逆轉，長矛又被悄悄藏入一個特別建造的地窖中。

1954年4月30日，美軍收入紐倫堡中，一名年輕的軍官無意中闖入了祕密地窖，好奇的取走了「朗吉努斯之矛」交回軍部，僅僅幾個小時後，並不知道已經失去自己「命運之矛」的希特勒，卻在柏林的地下室中舉槍自盡。「朗吉努斯之矛」目前又回到維也納的博物館中公開展示。

4. 飲食並無禁忌，但在一年中的某些日子裡，多會自動禁食。比較虔誠者幾乎是每周三、五都屬禁食日，凡肉類、魚類、酒、油及乳類製品是完全戒絕。

5. 任何婦女均不可被任命為神職人員。

6. 幼童在洗禮之前並無名字，直到受洗日神父會親自命名，而告知其守護天使是誰，可吃團體食物時即可參加聖血體禮；大約七歲時就可以開始辦告解了。

7. 家家戶戶都供有聖徒畫像，早晚膜拜與祈福、燒香、行禮無日間斷。

8. 幼兒在一兩歲時洗禮，洗禮時神父會以聖油抹在嬰兒頭額、臉頰、手、腳上，多選在星期六舉行。

萬聖節 (Halloween)的由來

事實上，萬聖節 (Halloween)並非一個基督教的節日。根據歷史記載，西元前五世紀愛爾蘭的凱爾特人（居住在現在英國蘇格蘭、威爾斯及愛爾蘭等地）便在10月31日的時候，慶祝一個亡靈的節日，跟我們農曆七月開鬼門拜好兄弟的傳說很像。凱爾特人的新年是在每年夏季結束的時候，就是10月31日那天。凱爾特人認為在新舊年交接時刻的夜晚，也就是10月31日的夜晚，看不見的靈魂會在陽世中穿梭尋覓，找到替身後得以重生；因此活著的人為了躲避亡靈的搜索，就在這天晚上把家裡的燈火熄了，爐火滅了，營造出一個寒冷陰森的環境，並且全家打扮成鬼怪的模樣，口中發出可怕的聲音，讓靈魂分不清誰是活人誰是亡魂，因而無法找到替身；只要撐過了這個晚上，第二天就是萬聖節，一切也就天下太平了。

至於南瓜燈的由來，與英國的一個傳說有關。相傳古時候有個人名叫Jack，非常愛開玩笑，而且一天到晚喝醉酒。有一天又喝醉了，在回家的路上遇到魔鬼，狡猾的他竟然將魔鬼騙到樹上，又在樹上刻了一個十字架（魔鬼的剋星），結果魔鬼被困在樹上下不來。後來Jack 就跟魔鬼撒旦談條件，如果魔鬼能保證他死後不會進地獄，就把魔鬼弄下來，魔鬼不得已只有答應他。Jack去世後，果真沒下地獄，但卻也不夠資格進天堂，只好在黑暗夜晚時到處遊蕩。魔鬼給他一個南瓜挖空做成的燈籠，裡面放著炭火，讓他在黑暗中看的到路。今天我們看見家家戶戶門口掛著的南瓜燈籠上雕有一微笑之人的眼鼻口者，據說就是Jack的臉。

9. 婚禮分三部分：在進入教堂舉行儀式前，神父會祝福新人並要其互換戒指，以誌終身不渝。在教堂內神父會依新郎、新娘順序為其戴上婚冠，東歐國家的婚冠為鮮花編成，俄國則用金屬冠。最後新人合飲一杯葡萄酒，象徵生命共同體的開始，攜手繞行一圈，象徵永遠的結合，至此婚禮才算完成。

10. 葬禮：逝者一般都放在家中直到葬禮舉行的那一天，前一天之傍晚家人會舉行祭典，祝其早日昇天，家人會逐一祝辭以表達追念。葬禮包括聖詩、聖祝等，死者會有聖畫陪葬，男人用耶穌像，女人用聖母瑪利亞像，儀式後參加儀式之親友可繞棺一周，獻上最後的祝福，如果願意也可以親吻死者之額頭。最後神

在基督教教會裡面，11月1日是萬聖節（All Saints Day），前一天10月30日則為萬靈節(All Souls Day，或譯為追思亡者節），可以說是萬聖節的起源。

基督教教會將一些生前具有德性的信徒封為聖人，以表彰那些信徒，並立為其他信徒所遵循的模範。但因為具有好德性的信徒多不為人知，因此對於那些沒沒無聞的人來說，若未將其立為聖人，好像有點不公平，所以在萬聖節那天，紀念所有被教會冊封的聖人及應該被封為聖人卻未被封聖的信徒。

萬聖節的裝飾多以橘色和黑色為主，是傳統的萬聖節裝飾代表色。黑色的代表像是黑貓、蜘蛛和巫婆，和橘色的代表南瓜燈（Jack-O'-Lantern），都是常見的萬聖節象徵，除此之外，還有各種面目猙獰的鬼怪和骷髏等等。不過小朋友和大人的萬聖節服裝，除了這些較為可怕的形象，也還有很多其他的選擇，可以選擇打扮成美麗的模樣，也可以打扮成外星人的模樣，總之每年到了萬聖節前，就有很多人為了要打扮成什麼模樣而傷腦筋，此時商店就會陳列出許多服裝和化妝材料供顧客選擇。萬聖節雖然充滿了可怕恐怖的象徵，如鮮血、蝙蝠、鬼怪、吸血鬼、巫婆、黑貓和骷髏等等，但歡樂的氣氛早就沖淡了可怕的視覺，而變成了一個讓老少都很期待的日子。

現在萬聖節的過法，是在每年的10月31日，眾人打伴成鬼怪，愈嚇人愈好。小孩子則成群結隊忙著挨家挨戶要糖果餅乾，而且口說「 Trick or Treat！」（快給糖果，不然我們就搗蛋）。

父宣布封棺並移棺入穴，此時神父會以聖爐香灰撒在棺木上，其他親友也會以泥土撒在其上，之後儀式結束，眾人離去。

猶太教（Jewish）

猶太人可以說是一支極富傳奇色彩的民族。由西元70年的反抗羅馬帝國失敗起，猶太人就開始了長達近兩千年的亡國流亡歲月。西元135年的第二次起義失敗後，羅馬帝國更宣布猶太人永遠不准返回耶路撒冷——所有猶太人心中的聖域。

近兩千年的漂泊，猶太人被迫遷徙在世界各地，中歐、東歐、南歐、美國，甚至中國大陸，都可見其蹤影。但是雖然國破族散，又經過漫長的流浪年代，散居各地的猶太人其生活方式與基本敬神禮儀均極為相似，而且與兩千年前並無多大的差異，讓人不得不佩服猶太人之生命韌性與遵循古禮法堅定不移決心。

猶太人認為只要雙親中有一人是猶太人，其子女即可被認定是猶太人，這種從寬認定的方式，使得猶太人得以多種不同的面容在世界上出現，所以今日所見之猶太人，呈現不同膚色面貌就不足為奇了，也因此，若是不表明身分，很難由一個人的外表看出來是否為猶太人，這也是為何希特勒在屠殺猶太人時必須要用種種方法逼使隱藏在社會各角落的猶太人現身。現在讓我們來瞭解一下猶太人的風俗習慣。

猶太人的出生、死亡以及一生中的重大事件均依上帝之旨意進行，生命的目的不是為了自己，而是為了榮耀上帝，也就是為神而活。因此，每天的日常生活，由睜開眼睛、起床、穿衣、沐浴、走路等都有一定的敬神祈禱以及動作，若是違反或是忘記都是罪惡，必須祈求上帝之原諒，否則就得不到上帝的祝福。男童出生後第八天必須接受割禮，也就是割去代表不潔的男性包皮，同時舉行祝禱儀式並為其命名。男童在十三歲時必須當眾宣讀「律法書」中之祝禱詞，表示自己已是正式的教徒了。宗教之領袖稱為「拉比」，意思是我的老師，其角色為社會上的教士或牧師之類，負責解釋律

法並帶領眾人參予敬神儀式，解決族人中之糾紛等，「拉比」均為男性。

結婚時先舉行訂婚儀式，新郎會宣讀婚約，並交給新娘戒指，並宣布；你戴上這枚戒指就屬於我了，之後才會舉行正式的婚禮。葬禮則簡單隆重，人去世後於最短的時間內完禮埋葬，壽衣樸實無華，遺體不用棺木而是直接埋葬的。

猶太男子頭上戴一小圓帽表示敬神。因此在某些猶太教聖地，例如哭牆旁之聖地，就必須戴小圓帽方得入內，但一般旅客不可能隨身攜帶有小圓帽，因此在入口處猶太人會供應免費的紙製小圓帽，參觀完畢後再歸還即可。每日至少禱告三次，晨禱、午禱以及晚禱，而且猶太人認為集體禱告（至少十人以上）的力量比個人禱告效果大的多，所以常常可見一大群猶太人聚在一塊同聲向上帝祈禱的畫面。

家畜食物中不可食用兔肉、豬肉、馬肉，因為這些動物不完全符合律法規定：四腳動物、反芻動物、分趾蹄動物；家禽食物則只可食用雞、鵝、鴨等，其餘所有鳥類一律禁止；海中生物則只食用有魚翅及魚鱗之魚類，因此如鰻魚、龍蝦、螃蟹等海鮮一律禁食；乳類製品如牛奶、乳酪等是不可以與肉類一起食用的，就算想要吃，這兩種食品也必須中間間隔六小時，意即在同一餐內，乳、肉食品不可同時上桌。有時家庭主婦甚至會用兩套不同的器皿來盛裝乳類以及肉類食品，以免兩者混在一起；禁食任何昆蟲類，所以在清洗蔬菜水果時必須小心，以免「不小心」吃到藏匿其中的果菜蟲。

猶太人的標記是「大衛之星」（Star of David），也就是現在以色列國旗上的那個六角形星型圖案，在國外只要看見家有此圖案者，即表示此人或此家為猶太人，與之交往應對就必須加以注意，其聚會用餐時也最好加以留心，以免雙方尷尬。

安息日（Sabbath），這是猶太人得以團結一致延續不墜的最主要原因，每一猶太人必遵安息日（安息日是由禮拜五之日落起，直至禮拜六的日落為止），也就是禮拜六。也就是聖經上所記戴的上帝創造天地的六天，安息日為猶太人的聖日以及休息日。安息日時不得工作，並明列三十九項活動在禁止的範圍，例如

娛樂、旅行等甚至打仗也不可以，所以有人說偷襲以色列最佳時機就是安息日，因為這一天所有有猶太人的地方都是一片死寂，除了祈禱敬神外。其禁忌包括：耕田種地、開車、寫作、縫紉、烹調食物、買賣物品，以及所有有關金錢的往來和約定。

　　事實上，在西元二世紀時，真的發生過敵人就選在安息日進襲，以色列人只有束手待斃，不敢反抗，後來因為這次血的教訓，才修改了不得作戰的這一項禁忌。因此若是去猶太人居住的地區旅遊時，若遇到安息日時最好有心理準備，因為所有商店、銀行、餐廳等是一律停止營業的。

　　猶太人只相信舊的聖經，要分辨基督教與猶太教最容易的方法，就是看他讀那一種聖經。猶太教一定只讀舊的聖經《Old Testament》因為他們根本不相信耶穌基督，更別提以基督的事蹟與言行所編寫而成的新約聖經《New Testament》。

　　在以色列旅行，入關時必須注意：不要把移民關章蓋在護照上，以免日後到任何阿拉伯國家旅行時，將因為曾前往過以色列而被拒絕入境。這種情形下，只有重新換一本新護照。與猶太人打招呼時或是道別時，可稱「Shalom！」意思為「你好！祝福你」等，非常普遍常用。

　　另外，以色列之安全檢查也是全世界第一的嚴格，所有行李不論是隨身或是拖運的，都會被一件一件的仔細檢查，或有疑問的還會被拿去用X光照射檢查，甚至連牙膏、肥皂、乳液等都會一一打開檢查，所以在以色列搭機離境時，最少會多耗一個小時，也就是說，旅客必須比正常再提早一小時抵達機場，否則就算是飛機要起飛了，若是安檢仍沒完成的話，旅客也只有搭下一班飛機了。

回教（Islam）

回教又名伊斯蘭教，為西元七世紀時由先知穆罕默德所創，主張崇尚唯一的真主阿拉。伊斯蘭教在阿拉伯語中的意思為「順從」，也就是人類必須「順從」唯一真主阿拉的意思。「一輪彎月如一顆星星」是回教國家的標記，有不少回教國家都以此為國旗之基本圖案。

回教徒一律遵行五功，也就是：

1. **唸功**：宇宙中除阿拉外即再無真神，穆罕默德是阿拉的使者。

2. **拜功**：每日拜神五次，朝拜阿拉時必須停下手邊的所有工作，伏地向著聖地麥加的方向朝拜。

3. **課功**：交納天課，稱為剒卡特。

4. **齋功**：依規定每年遵行齋戒月。

5. **朝聖功**：每一名教徒每年都應至麥加朝聖一次，或至少一生也要去麥加朝聖一次，才夠資格稱為「穆斯林」。

穆罕默德出生於西元570年，原為麥加一商人之子，娶了一名富有的寡婦為妻，生活因此變得富裕闊綽起來。在他四十歲那年的某一天，忽然遇見阿拉由天上派至凡間的天使加百利（Gabriel），稱奉命告知神諭，並取出一張寫有神諭內容的布帛，要穆罕默德背誦下來再轉告百姓，他立刻背了下來，此後不斷有使者向他傳遞神諭，有時是鴿子飛在他肩頭向其耳語（有人聲稱看見他在肩上撒了麥粒），有時則是夜晚做夢升天，面見阿拉受諭，再返回人間傳達。

穆罕默德生性機智聰慧，以隨機應變能力強著稱，據說有一次群眾懷疑他的神力，就說：「如果你能祈求阿拉把我們前面這座山移過來，我們就相信你是阿拉的使者。」穆罕默德不得已只有照做，可是一直向神祈求了三次，山卻依然聞風不動，此時他不待懷疑的人繼續發言，立刻大聲宣布：「各位，這下可親眼看

見阿拉的仁慈與偉大了吧？如果他真的把山移了過來，那我們不是全部給壓死了嗎？現在讓我們大家一齊跪下來感謝阿拉吧！」一代宗師，畢竟是不同凡響的。

穆罕默德於西元632年去世後，徒眾依其生前之相關言行編成了《可蘭經》，從此變成了全世界各地的回教徒遵行的唯一法典，。《可蘭經》在回教徒心中神聖無比，不但超過聖經在猶太教徒和基督教徒心中的地位，而且似乎還帶有神祕的色彩。例如出外旅行時會親吻《可蘭經》以求阿拉保佑；身體不乾淨或婦女生理期時也不可碰經書；此外《可蘭經》必須放在家中最神聖的祈禱室中，不可隨意亂放置，其擺放高度也必須高過室內其他的任何物品；回教徒在背誦《可蘭經》經文時，無論任何理由都不可以被打斷，就算是生命遭受威脅時也是一樣，例如說誦經誦到一半突然發生火災，也必須誦完才能逃生，唯一可以打斷之時是：誦經者背錯經文而有更正之必要時。

◆ 清真寺

清真寺是回教徒最神聖的拜神之處，其規模與地位亦有大小高低之分，只要看其旁之「呼拜塔」即可一目了然。由鄉村地區小清真寺的一座呼拜塔，到首都級宏偉壯觀清真寺的五座塔，甚至六座塔都有。而地位最崇高的清真寺則非聖地麥加莫屬了。

進入清真寺必須先淨身，洗手洗足，並懷著一顆純潔虔敬之心，再進入寺中朝拜阿拉。朝拜時也必須面朝聖地麥加的方向，這並不困難，因為每一座清真寺都在麥加方向建有神壇，而且每一張地毯上都有指示的方向，所以絕對不會弄錯。朝拜時男人在最前面，中間是兒童，而婦女是排在最後面的，這是為了避免男人在拜神時看見前面有女人，心中產生了雜念，而對阿拉不敬，所以就成了男前女後的現象。而把兒童置於中間地帶則是讓他們無法調皮搗蛋，只有乖乖地跟著大人拜阿拉了。

由於回教嚴禁任何豪華裝飾物與偶像，所以在清真寺中只有可蘭經文和花草圖案當作裝飾，而教徒身上也不可有任何人像、動物圖案等，有偶像崇拜嫌疑之物件。

回教中有些禁忌的食物，如豬肉、動物之血、酒類、非經屠殺並放血之動物，例如病死或自然死者、被其動物殺死者，都在禁制之列。每餐前必定禱告感謝阿拉，而

由於食物乃阿拉所賜，因此不可浪費，也不可大吃大喝，否則阿拉必定不悅。

◆ 出生

嬰兒出生時所聽到的第一個字必須是阿拉，所以出生後其父親會在耳畔輕呼阿拉之名。在出生的七天之內會舉行慶生會，家人會在嬰兒嘴唇抹上蜂蜜、蘋果汁等甜汁，並把嬰兒輪流傳給諸親朋好友看，以表示嬰兒正式成為大家庭的一份子。新生兒的父親通常會殺兩隻羊為新生男嬰慶生，而生女嬰的話則只殺一隻羊。

One is on the way

◆ 婚姻

回教男性可以娶猶太教或是基督教女子，因為畢竟大家信奉的是同一位上帝；而女性則不可以嫁給異教徒，因為他們認為新生兒會跟著父親去信教。只要經濟許可，男人可以娶四個妻子，只要是他的第一任妻子不反對的話。男方娶妻時必須準備豐厚的聘禮給女方，包括了珠寶，禮物等，這些聘禮在婚禮上都會被逐一宣布。而女方家長在嫁女後的幾天內，會舉行盛大的喜筵，以饗諸親友。

◆ 葬禮

回教徒認為死亡只是生命的另一種形態，所以並不十分悲傷，臨終前最好能說出：「阿拉是宇宙中唯一的真神，穆罕默德是他的使者。」而死者在被埋葬時臉部必須朝向麥加的方向，生時朝麥加拜，死時朝麥加待。逝者家人會以清水洗淨屍身，再以白色壽衣包裹然後抬入清真寺中舉行最後的祈禱，祈禱完後再送往墓地，伊麥會領眾人再度為死者祝禱，最後以泥土撒在逝者身上，其他親友也同樣將泥土灑在死者身上，至葬禮結束。回教徒不准火葬，就算意外死亡也不准解剖屍體。

印度教（Hinduism）

距今約五千多年前，居住在中亞帕米爾高原阿姆河流域的雅利安人開始遷徙，其中一支遷向西北方，也就是歐洲的方向前進，日後產生了歐洲文化的一部分；另一支向東南前進，其中一支進入了伊朗，產生了波斯文化；另一分支則躍過喜瑪拉雅山脈進入了印度，印度文化由此成焉。

根據學者專家之考證，代表該期印度文化象徵的《吠陀經》，其文學之表現與語法之成熟，均遠勝於晚期的希臘文學以及希伯來文學。吠陀（Veda）意為知識，也就是說其創作之本意在於追求知識與真理，其中包含了對諸神的禮讚，歷史的記載與階級制度之來源。依據《吠陀經》的最後敘述：

由天神口中出生之人是婆羅門，也就是祭司等神職人員；由肩膀生出者為剎帝利，也就是貴族武士階級；由腿部出生的是吠舍，是為庶民百姓；由最低處雙腳所生出者則是首陀羅——奴隸階級。而首陀羅是雅利安人入侵時被征服之印度原住民，膚色黧黑，身材矮小，以上四種階級再加上不能算得上是「人」的賤民，就構成了數千年來始終嚴密控制印度社會的種姓制度了。

種姓制度事實上不僅僅將人民分為五等，因為就算是同屬某一階級，又可以由於貧富不同，教育程度以及職業等不一，而又分成不同的次階級制度，相當繁複，外人是相當難完全理解的。不同階級之間是不相通婚，互不往來的，雖然今日印度城市由於工商社會人與人接觸較以往農業社會時代來得頻繁許多，階級之分已不如以往嚴密，但在鄉下地區則依然奉行，而且就算是口中不說出，但是在各人心中的藩籬障礙仍難完全根除。

在昔日不同階級之人不但彼此不接觸，甚至於高階之人不直接接低階者手中之物，不飲同一井之水，甚至在走路時若不幸被低階者之影子觸碰時都要回家去沐浴更

衣以除穢氣。而尤其是以賤民所受之非人待遇最為明顯。印度獨立後，雖然知識分子以及政府官員一再呼籲，仍然無法讓全民接納他們，甚至聖雄甘地雖然親身擁抱賤民，收效也不卓著。時至今日，種姓制度雖已不是那麼明顯，但在印度旅行時，處處仍可見其痕跡與影響。

有一年我在印度、尼泊爾邊境之處旅行時，有一晚去欣賞鄉間村民之土風歌舞表演，由於當晚的客人並不是很多，到了節目尾聲，舞者顯得意興闌珊，意圖趕快結束。表演剛剛結束，突然見一身材高壯之印度人起身指著舞者破口大罵，只見所有表演者沒人作聲，只是默默拿起表演道具，把最後一支舞從頭到尾重跳了一次，這一次可是精神抖擻，無一偷懶。事後我趨前探詢，印度人只輕描淡寫的表示：「他們跳得不好，我叫他們重跳！為什麼要聽我的命令？因為他們只是首陀羅，我是剎帝利啊！」

印度教在現今世界上仍佔有其特殊的地位，雖然說它已是一極為淵遠流長的古老宗教，其特徵是「滿天神佛、神比人多。」這是因為印度教基本的三大天神婆羅門、毘濕奴、濕婆神外，每位神又有分身，分身又可再變分身，再加上充斥民間的種種迷信，所以套句聖經上的話，神是無所不在，處處都在，無論是屋舍、樹木、廟塔、山丘、湖泊、河流都各有其神，連門窗、汽車、甚至桌椅、石頭等也無一不可為神明。因此在印度教文化區，我們可以看見的是宗教與迷信如何影響整個社會的活動與脈動。動物獻祭血流滿地、驅邪咒、看手相、觀星象、卜卦，再加上吹笛弄蛇者，瑜珈僧、苦行僧，共織成了社會上每日熙來攘往之社會景象。

◆ 聖牛

牛在印度的地位是非常神聖的，所以一般稱之為「聖牛」，不過這是指黃牛，因為牠是大天神溼婆神之坐騎，所以也是天神之一，不得捕殺，在印度若有人殺了黃牛會被教徒以私刑虐殺的。就算是不小心開車撞死了聖牛，最重將被判無期徒刑。因而只見公路上聖牛群處處，悠哉漫步，而就算阻礙了交通，最多也

只能將之驅趕至路旁而已，絕對不可動手相向。聖牛最後就算因病或自然因素而死亡也無人會食其肉，就算飢荒時亦然，有些信徒甚至會用杯子或是雙手盛接聖牛的尿尿，立即趁熱一飲而盡，以達到「淨身」的目的，有些信徒還用牛尿抹面或洗髮。

　　至於水牛則是惡魔的化身，所以食其肉、鞣其皮亦屬自然之事，在印度一般是不供應牛肉（Beef）的，但是到處都有水牛肉（Buffalo meat）供應，可以為牛肉之代替品。

◆ 淨身

　　每當遇上不潔之事與物所污染時，印度教徒就必須淨身，不潔之物包括：不應食之食物、腐敗之肉、死屍、被賤民污染、婦女生理期等可達百種之多，再依污染情節上之輕重不同而有不同的淨身方法，由最簡單的灑灑聖水、至聖河沐浴、喝下聖牛之五物混合物（牛油、尿液、牛奶、凝乳以及牛糞等，據說淨身效果最佳），有些更嚴重的甚至被驅逐出家鄉。

◆ 血祭

　　印度教諸神中有些嗜以鮮血為奉祭品，其中又以溼婆神之妻子卡力（Kali）女神最著名。卡力女神以神力廣大以及靈驗知名，信徒若是祈願如意再回到廟裡還願，多會以活的牲畜獻祭，當場宰殺水牛、羊、雞等，再以其鮮血灑於神像前以為祭。場面血腥可怕，不但全廟腥風血雨，而且有些牲畜並未當場氣絕，仍會做垂死之掙扎，看了更令人不忍心。不過印度教徒並不以為意，下手屠宰前還會喃喃有辭說：「我現在就要釋放你的靈魂，祝你早日脫離苦海，下世投胎時能有更好之福報。」獻祭完的牲畜當血已放盡，再拿至廟宇旁附設的廚房烹調，然後將部分食物分給僧侶，其餘由大眾分食。

◆ 性廟

　　印度教的另一特色就是陽物崇拜。在尼泊爾之加德滿都、巴丹等地，以及印度卡

鳩拉合等地，皆有性之崇拜以及性愛圖雕於廟堂之上。外人或許會以淫教魔道視之，而信徒本身則以平常心視之。因為陽物為淫婆神的化身之一，叫做「靈甘」（Lingan），卡力女神則化作尤尼（Yoni），二者合而為一表示「涅盤」之一種型態，也代表繁衍與「收獲豐富」之象徵。這是由非常古老之時流傳至今的一種象徵，和誨淫誨盜是沾不上邊的。聖雄甘地曾告訴外國友人：「是你們來此告訴我們敬拜『靈甘』是色情的，否則我們還真的無意將兩者相連呢！」

◆ 拜神

既然神明是無所不在，自然也應每日獻祭，一小搓白飯，二朵小花就已足夠，有的人再加一點清水。所以在門前、在樹下、在方向盤旁、在辦公桌上、櫃檯上等均可以看見祭神之物品。不但如此，每日起身、穿衣、穿鞋、出門、工作開始等，都有一定的祭神手勢與經文，如果沒有執行，就會感到心中不安，惶惶不可終日，可見宗教已完全融入信徒的日常生活中。

◆ 節慶

印度教徒的節慶是喧囂而且狂烈的，不但極為耗費金錢以及時間，且極盡奢華之能事，並且常會有激烈的自殘行為發生，有些會以利器割傷肌膚，穿透臉頰，甚至當慶典達到高潮時，會有信徒情不自禁的躍入火中自焚，或是衝往神轎的巨輪下自身獻祭天神，怵目驚心讓人領略印度教徒的宗教狂熱。

印度教的三大天神：

1. 毘濕奴（Vishnou）：他是宇宙的保護者，也是眾神之王，曾經十次變身下凡解救蒼生。例如第九次變成佛祖釋迦牟尼，第十次變成聖雄甘地，他同時也是國王的保護神，其坐騎是神鳥加魯達（Garuda），也是印尼航空公司之象徵。

2. 婆羅門（Brahma）：他是萬物之神，常以四面一身之形態出現，其坐騎是 Hongse 或 Hanesa，傳說中的天鵝。

3. 溼婆神（Shiva）：這是目前印度教最當紅的天神。在印度教文化區處處可見溼婆神廟宇，若有人詢問是何神的廟宇而你又不確定時，儘管回答溼婆廟，至少有百分之八十的機會答對，因為就算不是他的本身廟，也會是他化身以後的神廟。溼婆神主司毀滅與創造，也就是宇宙萬物生生不息之原始定律執行者，其坐騎就是聖牛南迪（Nandi），也是印度教徒不吃黃牛肉的來由（水牛照吃因為是惡魔）。

◆ 出生

嬰兒出生前，夫妻會攜帶貢品前往廟中祈求生產平安順利，出生後母親與嬰兒一連十天，都必須與外界隔絕以舉行淨身儀式，此時只有助產士和醫生，才可以接觸他們。第十一天起至第四十天內的某一天，為嬰兒舉行慶生以及命名儀式，並告諸親友。

◆ 婚禮

印度徒仍然依媒妁之言成婚，均由雙方父母親做主，有不少新婚夫妻是在婚禮上才第一次見面的，現代情況比較好，婚前已有數面之緣了。婦女在結婚後才被認定為一成熟之女性，婚前必須合婚，以確定這對新人之星象相合，否則婚禮便立即取消。雙方家庭必須互換禮物以表示同意這一場婚事，而女方家長更必須為女兒準備豐盛之嫁妝，因為嫁妝之厚薄直接影響其女在夫家中之家庭地位。婚禮一般在十二月至七月間舉行，這樣便可以避開雨季以及主要的祭神慶典。

◆ 葬禮

死者去世時若能讓身體之一部分沾到聖河之水，則有助其靈魂之轉世投胎，若無聖河則用聖水代替亦可。人去逝後二十四小時內必須火化（嬰兒則只可土葬），火化後家人必須舉行淨身儀式，可長達十至三十天之久，之後以十顆飯糰放置室外給鳥食，代表亡靈之離開家庭。在此之後家人才可以再度工作，婦女才可以再度烹調食物。

在有些地方仍留有剎帝（Sati）惡俗，也就是火葬時要求寡婦投火殉夫，有些迫於大家族的壓力而從之，也有人則是心不甘情不願地被五花大綁的投入烈火中，變成含冤的亡魂。

印度教火葬記

依照印度教徒的習慣，人死了只是這一世的解脫，同時也是另一世輪迴的開始。所以一般人在即將歸西之時，必由家人以擔架抬至河邊的小屋中，待其斷氣之前，把人連同擔架頭上腳下的將雙腳浸泡在聖河中，若能如此自然死亡，則此人的下一世一定會更有福報，但若等了半天仍不肯棄世，則再抬回小屋中繼續等待，有時得反反覆覆的抬來抬去好幾回。

待其已確定死亡後，再將屍首平置在河旁的火葬檯上。此時石檯上早已架好了井字形疊放的木柴，這時眾親友在長者或最親近之人帶領之下，繞行死者三周，祝福死者早昇天、早超生，而印度僧人則在一旁唸經超渡，儀式完畢後則由長者將一小火種或蠟燭置死者口上，再引火焚屍。

火化過程中必須不時加油及翻動木柴以確定全身火化成灰，據說以男性的腹部和女性的胸部最難處理，必須反覆火燒才能成為灰燼。待火化差不多時，印度僧人會將死者之頭顱由火中取出，準備釋放死者的靈魂，只見他口中唸唸有辭，再以一鐵棍對準天靈蓋奮力敲下去，頭骨敲破之後，死者的靈魂也向天飛去，成了名符其實的在天之靈了，此時，又見親友一同祝禱，神情莊嚴肅穆，最後將未火化之部再次燃燒，待全成白灰時將骨灰及柴燼一併掃入河中，儀式至此也告一段落。印度教徒並不忌諱他人旁觀，也可自由拍照攝影，但必須記住：尊重死者，保持安靜；千萬不可有嘻笑、喧嘩等輕浮之舉。

過火術

世界各地在進行宗教儀式時，有不少都以過火術使儀式達到最高潮，例如巴爾幹半島每年五月二十一日的聖君士坦丁節日都一定要舉行蹈火儀式；斯里蘭卡的首都可倫坡每年也要舉行類似的儀式，教徒必須徒步走過五公尺長的火炭道；其他像印度的南部、台灣的某些地方也能看到相似的場景。

蹈火時一般使用焦炭或煤炭鋪成長數公尺、寬一公尺左右的火道，再引火焚燒至全燃狀態，而火道的高溫連附近的工作人員都無法忍受。蹈火之前多由高僧頌經稟告上蒼並為教徒祈福，有些會以酒、米之類祭品灑在火道上，酒類揚起的白煙以及穀類遇火燃燒的情形令人心中震驚，緊接著就是神奇刺激的過火儀式了。只見眾人在高僧的帶領下，或捧著神像，或是口中法號不斷地赤腳走過燒得通紅的火炭道，完成過火儀式並且是毫髮無傷，神靈又再一次向眾人示範了不可思議的法力。

科學家的想法可就不是如此了，他們認為物體的溫度是一回事，物體的本質又是一回事，正如你可以把手伸入烤箱中不會受傷，但是你用手摸箱內的鐵壁試試看。煤炭燒紅後會自然在外層形成一道質地鬆軟的煤灰，煤灰只有溫度卻無法灼傷人的腳底，為了證明這項發現，科學家一樣鋪設一條火炭道，面對炙熱火焰，不但科學家們均輕鬆過火，後面還跟了一千多名志願試驗者，結果也均毫髮無傷，不用唸經，也不用祈神！

1 0 6 - □□
台北市新生南路3段88號5樓之6

揚智文化事業股份有限公司　　收

□□□-□□

地址：　　市縣　　鄉鎮市區　　路街　段　巷　弄　號　樓

姓名：

Leaves
Publishing

 書號 L4501　　 書名 國際商務禮儀 International Business Etiquette

葉子出版股份有限公司

讀・者・回・函

感謝您購買本公司出版的書籍。

為了更接近讀者的想法，出版您想閱讀的書籍，在此需要勞駕您詳細為我們填寫回函，您的一份心力，將使我們更加努力！！

1.姓名：＿＿＿＿＿＿

2.性別：□男 □女

3.生日／年齡：西元＿＿＿ 年＿＿月＿＿ 日＿＿歲

4.教育程度：□高中職以下 □專科及大學 □碩士 □博士以上

5.職業別：□學生□服務業□軍警□公教□資訊□傳播□金融□貿易
　　　　　□製造生產□家管□其他＿＿＿＿＿

6.購書方式／地點名稱：□書店＿＿＿＿□量販店＿＿＿□網路＿＿＿□郵購＿＿＿
　　　　　　　　　　　□書展＿＿＿＿□其他＿＿＿

7.如何得知此出版訊息：□媒體＿＿＿□書訊＿＿＿□書店＿＿＿□其他＿＿＿

8.購買原因：□喜歡作者□對書籍內容感興趣□生活或工作需要□其他

9.書籍編排：□專業水準□賞心悅目□設計普通□有待加強

10.書籍封面：□非常出色□平凡普通□毫不起眼

11. E-mail：＿＿＿＿＿＿＿＿＿＿＿＿＿＿＿＿＿＿＿＿＿＿＿＿＿＿＿＿

12喜歡哪一類型的書籍：＿＿＿＿＿＿＿＿＿＿＿＿＿＿＿＿＿＿＿＿＿＿＿

13.月收入：□兩萬到三萬□三到四萬□四到五萬□五萬以上□十萬以上

14.您認為本書定價：□過高□適當□便宜

15.希望本公司出版哪方面的書籍：＿＿＿＿＿＿＿＿＿＿＿＿＿＿＿

16.本公司企劃的書籍分類裡，有哪些書系是您感到興趣的？

□忘憂草（身心靈）□愛麗絲（流行時尚）□紫薇（愛情）□三色堇（財經）

□ 銀杏（飲食健康）□風信子（旅遊文學）□向日葵（青少年）

17.您的寶貴意見：

＿＿＿＿＿＿＿＿＿＿＿＿＿＿＿＿＿＿＿＿＿＿＿＿＿＿＿＿＿＿＿＿＿＿

☆填寫完畢後，可直接寄回（免貼郵票）。

　我們將不定期寄發新書資訊，並優先通知您
　其他優惠活動，再次感謝您！！

Leaves
Publishing

根
以讀者為其根本

莖
用生活來做支撐

葉
引發思考或功用

果
獲取效益或趣味